教育技术的跨学科之路译丛

教育技术基础
整合的方法和跨学科的视角

Foundations of Educational Technology

［美］J. Michael Spector 著
卢蓓蓉等 译　任友群 审校

华东师范大学出版社

Foundations of Educational Technology: Integrative Approaches and Interdisciplinary Perspectives

by J. Michael Spector

ISBN: 978 – 0 – 415 – 87471 – 7

Copyright © 2012 Taylor & Francis

All Rights Reserved.

Authorized translation from English language edition published by Routledge Inc., part of Taylor & Francis Group LLC.

本书原版由 Taylor & Francis 出版集团旗下 Routledge Inc. 出版公司出版，并经其授权翻译出版。版权所有，侵权必究。

East China Normal University Press is authorized to publish and distribute exclusively the Chinese (Simplified Characters) language edition. This edition is authorized for sale throughout Mainland of China. No part of the publication may be reproduced or distributed by any means, or stored in a database or retrieval system, without the prior written permission of the publisher.

本书中文简体翻译版授权由华东师范大学出版社独家出版并限在中国大陆地区销售，未经出版者书面许可，不得以任何方式复制或发行本书的任何部分。

Copies of this book sold without a Taylor & Francis sticker on the cover are unauthorized and illegal.

本书封面贴有 Taylor & Francis 公司防伪标签，无标签者不得销售。

上海市版权局著作权合同登记 图字:09 – 2012 – 626 号

译丛总序：让更多人成为教育技术的圈内人

如果提及教育思想的起源，我们一般会追溯到东方的孔子和西方的苏格拉底；如果说起教育技术，虽然与教育技术相关的诸如造纸术、印刷术、算盘、早期用于书写的各种笔等的发明都是在古代，大部分人还是会认为这是近代以来才开始发展的专业研究领域。确实，教育技术的发展壮大主要是在近百年内。从20世纪初开始，电影、广播、电视陆续被用于教育，使得用技术普及教育的可能性大大增加了。到了计算机和互联网诞生以后，原本不同类型的教育技术逐步被整合成了计算机和互联网支持下的信息传播技术，特别是进入新世纪以来，像代理技术、云计算、大数据等新技术刚一出现就开始在教育领域得到应用。

大部分人都会承认这是一个教育技术不断发展壮大的时代，按理说，教育技术学科应该能得到足够的重视，其发展壮大自然也不在话下。但是，教育技术学科的发展似乎越来越让人困惑，我国教育技术界的元老南国农先生也表示过类似的疑问。在众多分析和解释中，似乎有两个自相矛盾的观点：一说是，教育技术的学科边界不清楚，导致了学科发展缺少明确路径；另一说是，教育技术的学科壁垒把很多应该参与的跨学科研究者、中小学教师和教育管理者排除在外，导致了学科发展之路越来越窄。似乎教育技术是如此之重要，以至于我们在学科建设时左右为难，都不知道该怎么重视它了。

我认为，把技术和教育在教与学发生的情境中尽可能好地结合起来，是教育技术学科的本职工作。做好了这件事，上文的困惑也就迎刃而解；做不好，则学科不会健康发展，别人也不会接受我们。但要做好这事，却是很不容易的。

技术的发展在不断提速，其变革对人类社会的影响也越来越迅速和深远。虽然技术不是唯一发生变革的东西，但包括教育在内的人的交往方式无疑不断地受到技术成果越来越快的影响。技术加速影响学习、教学、绩效的现实还没有被更多的人所充分认识,对教育、教师教育的投入虽然在增长,但仍有很多人没有充分理解和重视技术的重要性。比如,我们还是很难让大家认识到,培养好的教师、教学设计者、技术支持者、媒体专家和训练师,让他们在不同的境脉下合作起来以便用好技术去服务教育已经是迫在眉睫的事情了。这套译丛在某种程度上希望能为改变目前的局面提供一组教材,也希望能勉力回答上述提到的困惑。

近十多年来,我主持和参与的翻译工作已然不少,不过大部分是给教育技术的学术圈内人看的。这次,我确实希望能看到更深入浅出的作品,以吸引更多的初学者甚至是有兴趣的圈外人。对圈内人和圈外人的理解并不总是一致的,教育技术学科不能仅仅把本学科的人作为圈内人。我认为,教育决策者、教育实践者(包括学科教师和中小学管理者)、跨学科的教育技术的爱好者都应该成为我们的圈内人,虽然目前很多人并不这么认为。我认为这套译丛就符合这个要求,翻译它们就是希望能达到让更多人来了解这个学科的目的,把更多人变成圈内人。

我是在2009年春天美国圣地亚哥召开的美国教育研究协会(AERA)年会上认识Jonathan Michael Spector教授(后来就一直叫他Mike)的,当时他还与Michael Hannafin教授一起在乔治亚大学的学习与绩效支持实验室工作。那时,因为我们已经启动了对美国教育传播技术协会(AECT)编辑的《教育传播与技术研究手册》(第三版)的翻译工作,我已经与作为主译之一的Mike进行了不少的邮件沟通,不过见面还是第一次。Mike给我的感觉就是一个纯粹的学者,低调谦和,且有点不修边幅。

我们谈论了翻译工作,并涉及了学习科学的兴起和教育技术的发展,他很高兴地接受了我做学术访谈的邀请,在谈及教育技术与相对后起的学习科学之间的关系时,他已经表明了非常开放包容的观点,认为跨学科是这个领域发展的必由之路,自设藩篱的做法是不可取的。我们第二次见面是2011年5月,我去香港大学访问时见到了在那里短期访学的Mike,并且邀请他尽快到中国大陆来。第三次见面是在2012年4月温哥华的AERA年会上,那时我第一次看到了本丛书的前两本,即 *Foundations of Educational Technology* 和 *Design for Learning in Virtual Worlds*。

我们最近一次见面是在2013年7月,我们邀请Mike来华东师范大学做客

"大夏讲坛"第123次学术讲座,题目是"新兴技术与学习科学的融合与碰撞",Mike也是第一次来到中国。在讲座中,他认为能改进教与学的新技术出现得越来越快了,我们对人如何学习的理解也发展得很快,比如,协作学习和问题解决策略的研究及其工具的研发都有了很大进展。更有甚者,类似的在学习过程中及时和充分的反馈和个性化辅导系统的价值都被证明是越来越重要的。互联网已经毫无疑问地改变了我们的思维方式,并且在广义上设计了我们的学习环境。但对诸如个性化学习平台和大规模开放在线资源(MOOCs)等被认为是最有力的教育技术的看法上,以及对诸如学习的神经学层面、学习的多任务处理等人类学习的认知神经科学的最重要发现上,人们的分歧也是明显的。讲座后,他还兴奋地给我看即将出版的《教育传播与技术研究手册》(第四版)的校样。我们在2014年初启动了第四版的翻译工作,中文版已经和读者见面了。

2014年春节前后,Mike又与我就正在编辑的《教育技术百科全书》(*The Encyclopedia of Educational Technology*,已于2015年出版)中的教育技术史的词条进行了频繁的讨论,有时甚至一天邮件就有好几个来回。在修订词条的过程中,我建议他加入了一些中国20世纪上半叶电化教育发展初期的经典成就,并提出了如下的看法:也就是当我们作为这个专业的从业人员如数家珍地整理着我们的发展历程时,我们是不是也应该请教育行业中的其他人或全社会关心教育的人从更加客观的视角来看一下,教育技术学术共同体百年来的作为到底多大程度上对教育的发展作出了贡献。说得再直白点,如果教育技术为之服务的整个教育界中的很多人都不认为教育技术这门学科与他们的所作所为有什么关系,哪怕这种认识是错误的,我们又怎么能自我陶醉于学科的发展呢?

Mike持续编写这套丛书,接下来于2016年春出版了《教育技术方案和项目评估》(*Educational Technology Program and Project Evaluation*)和《设计适应性和个性化的学习环境》(*Designing Adaptive and Personalized Learning Environments*),于2017年底出版了《动机、学习和技术》(*Motivation, Learning, and Technology*)。

Mike一辈子浸润在教育技术学科中,对本领域从历史沿革到最新前沿都了然于胸,已经到了把复杂的问题说得简单的境界。对我们涉及过的学术话题,他都是平和详实地侃侃而谈,再复杂的问题也能说得通俗易懂。他这套集子的文风也是这样。我们希望通过这套可读性比较强又突出跨学科的书来吸引更多的人了解教育技术及其作用,我们希望中小学管理者、教师和辅助人员都应该成为这套书的读者。

  感谢华东师范大学出版社王焰社长、教育心理分社彭呈军社长的长期支持!

任友群

2018 年 10 月于丽娃河畔

前言

本书是 Routledge 出版社"教育技术的跨学科之路"系列丛书的第一本。本书介绍了在丛书随后各本中将详细展开的那些主题。而且,本书建立了一个通用的、由四部分组成的、以问题为中心的行文框架,并将被本丛书各书所采用。

本书的第一部分是对教育技术领域的综述和介绍。章节的主题包括对教育技术的一个精致化定义、教育技术的基础观和价值观、学习和绩效的讨论、教学和培训、关于技术支持的话题以及策划与实施教育技术的综合方法等。

第二部分提供了本专业一些理论观点的精致论述,回顾了人类发展、学习与表现、信息与传播、教学、教学设计等方面的理论,并简要讨论了主要研究者和学者以及他们最有影响的理论。

第三部分提供了对本专业的实践观点更加详细的分析。具体涉及创新和变革力量的传播以及技术教学和在工作场景中使用教育技术的挑战。另外,设计的原则和关于成功整合技术的经验等也在这部分得以讨论。

第四部分的题目叫"不同境脉下的考虑因素",只有单独一章,讨论了在 K-12、高等教育、工商业界、政府机构和非营利性与非政府组织中教育技术成功设计和实施时需要关注的一些因素。

每一章的结构都先提供导言,再讨论主要观点。在一些情况下,会建议进行课堂讨论或在线论坛等活动,全书也随机遍布小提问。每章也包括了章后测验,可以作为作业、自我测试,或者讨论线索。在理解性的测验后,是具有代表性的教育技术的挑战,目的是给学生和其他读者提供一些需要教育技术专家和教学设计者去解决的复杂问题。在具有代表性的教育技术挑战后,有一个建议性的学习活动,该活动通常与代表性的问题紧密相关。参考资料、链接以及其他资源也包括在每章结尾之后的部分中。

本书无疑是致力于成为一本有用的教科书的教育技术专著,帮助引导本专业和本学科的新人接触教育技术专家所面对的各种各样的复杂性。有一些理论和原理的讨论可能被看作趣闻,也有日常实践中遇到的实践问题的讨论。我们的目的是把理论与实践结合起来,这样做是基于如下考虑——信息丰富的实践者与基础扎实的研究者是对本专业的进步贡献最大的人。

写作本书的一个特殊的挑战是介绍技术增强的例子和讨论不同技术类型的通识方面,同时又要控制对特定技术介绍的详细程度。这样做是因为特定技术以惊人的速度出现和消逝,而且新技术出现和发展得太快。如果对特定技术给出大量的详细信息,本书可能会大大延迟印刷的时间。

本领域中当然还有很多好书,其中一些也被本书所引注。由于涉及教育技术的研究、开发和教学本质上是探究和实践的复杂领域,每个人都要经常考虑不同的观点和路径。

(任友群 译)

鸣谢

我要感谢 Routledge/Taylor & Francis 的编辑 Alex Masulis，感谢他在组织这套教科丛书和鼓励我出版这第一本上的指导和耐心。我还必须感谢我的太太 ChanMin Kim，她提供了大量鲜活的点子并提出了很多有用的改进建议。另外，我要恳求很多人的原谅，我延迟了对他们的响应是为了努力去思考清楚这个叫做教育技术的复杂事业的基础。

目录

第一部分 介绍与综述

第一章 定义教育技术 / 3
    技术 / 3
        定义技术 / 4
    测试你的理解 / 5
    教育 / 6
        定义教育 / 7
    测试你的理解 / 8
    教育技术 / 8
        定义教育技术 / 10
    一个有代表性的教育技术挑战 / 12
    学习活动 / 13
    参考资料 / 13
    链接 / 13
    其他资源 / 14

第二章 价值,基础和框架 / 15
    价值 / 15
        怀疑 / 16
    理解测试 / 17
    基础 / 18

传播 / 18
　　交互 / 20
　　环境 / 20
　　文化 / 21
　　教学 / 22
　　学习 / 23
　　其他基础隐喻 / 24
测试你的理解 / 25
一个有代表性的教育技术挑战 / 26
学习活动 / 26
参考资料 / 26
链接 / 27
其他资源 / 28

第三章　学习与表现 / 29

学习 / 29
　　关于学习的重要区分 / 30
检验你的理解 / 32
绩效 / 33
　　发展专业知识 / 34
测试你的理解 / 35
一个有代表性的教育技术挑战 / 35
学习活动 / 36
参考资料 / 36
链接 / 37
其他资源 / 37

第四章　教学和培训 / 38

教导 / 38
　　教学 / 39
　　培训 / 41

成人教育学 / 41
　　　　复杂的认知技能 / 42
　　测试你的理解 / 42
　　一个有代表性的教育技术挑战 / 43
　　学习活动 / 43
　　参考资料 / 44
　　链接 / 44
　　其他资源 / 44

第五章　技术对学习、教学和绩效的支持 / 46

　　技术支持的学习和教学 / 46
　　　　谁支持教学和绩效 / 46
　　　　被支持的活动 / 48
　　测试你的理解 / 50
　　支持方式 / 50
　　技术、教学法和学科知识 / 51
　　测试你的理解 / 51
　　一个有代表性的教育技术挑战 / 52
　　学习活动 / 52
　　参考资料 / 53
　　链接 / 53
　　其他资源 / 54

第六章　计划和执行的整合方法 / 55

　　整合的性质 / 55
　　系统观 / 56
　　测试你的理解 / 58
　　一个有代表性的教育技术挑战 / 58
　　学习活动 / 58
　　参考资料 / 59
　　链接 / 59

其他资源 / 59

第二部分　理论观点与应用实例

第七章　人类发展理论 / 63

认知发展理论（皮亚杰）/ 64

认知社会中介理论（维果茨基）/ 66

心理社会发展理论（埃里克森）/ 67

测试你的理解 / 68

一个有代表性的教育技术挑战 / 69

学习活动 / 69

参考资料 / 69

链接 / 70

其他资源 / 70

第八章　学习和绩效的理论 / 71

是什么形成了一个理论？/ 71

　　观点 / 73

　　一个关于学习的理论 / 75

操作性条件反射理论（斯金纳）/ 76

社会学习理论（班杜拉）/ 77

情境认知理论（莱夫）/ 77

体验学习理论（科尔布）/ 77

认知负荷理论（斯威勒）/ 78

测试你的理解 / 79

一个有代表性的教育技术挑战 / 79

学习活动 / 80

注释 / 80

参考资料 / 80

链接 / 82

其他资源 / 82

第九章　信息与通信理论 / 83

信息与通信理论 / 83

　　什么是信息？/ 83

　　信息论 / 85

通信和通信理论 / 86

　　什么是通信？/ 86

　　通信理论 / 86

　　传播模型 / 87

传播模型和理论的观点和标准 / 88

对教育技术的意义 / 89

测试你的理解 / 91

一个有代表性的教育技术挑战 / 91

学习活动 / 92

参考资料 / 92

链接 / 93

其他资源 / 93

第十章　教学理论与教学设计理论 / 94

教学理论 / 96

教学设计理论 / 101

　　学习类型 / 102

　　学习者类型 / 104

　　学习环境的类型 / 106

　　学习方法/模型的类型 / 106

测试你的理解 / 109

一个有代表性的教育技术挑战 / 110

学习活动 / 110

参考资料 / 111

链接 / 112

其他资源 / 113

第三部分　实践观点与应用实例

第十一章　技术创新和管理变革介绍 / 117

技术需求 / 118

技术准备 / 119

技术部署 / 121

对变革的管理 / 122

测试你的理解 / 123

一个有代表性的教育技术挑战 / 124

学习活动 / 124

参考资料 / 125

链接 / 125

其他资源 / 125

第十二章　用技术教学 / 126

实践应用 / 128

学生影响 / 130

教师影响 / 131

教育文化影响 / 133

测试你的理解 / 134

一个有代表性的教育技术挑战 / 134

学习活动 / 135

参考资料 / 135

链接 / 136

其他资源 / 137

第十三章　工作场所中的教育技术 / 138

21 世纪的技能 / 140

工作场所中的教育与培训 / 144

测试你的理解 / 144

一个有代表性的教育技术挑战 / 145

学习活动 / 145

参考资料 / 146

链接 / 146

其他资源 / 146

第十四章 设计有技术支持的学习环境 / 147

经过设计的教育实体 / 150

设计原则 / 151

设计失误 / 152

测试你的理解 / 154

一个有代表性的教育技术挑战 / 154

学习活动 / 155

参考资料 / 155

链接 / 155

其他资源 / 156

第十五章 活动与任务中的技术整合 / 157

技术整合案例 / 159

技术整合的关注点 / 160

技术整合的原则 / 161

测试你的理解 / 162

一个有代表性的教育技术挑战 / 163

学习活动 / 163

参考资料 / 164

链接 / 164

其他资源 / 164

第四部分　不同境脉下的考虑因素

第十六章　多样境脉下的教育技术原则与实例 / 169

 K‑12 教育 / 170

  沟通与互动 / 170

  环境与文化 / 170

  教学与学习 / 171

  K‑12 教育的实例 / 171

 高等教育 / 172

  沟通与互动 / 172

  环境与文化 / 173

  教学与学习 / 173

  高等教育的实例 / 174

 工商业界 / 174

  沟通与互动 / 174

  环境与文化 / 175

  教学与学习 / 175

  工商业界的实例 / 175

 政府机构 / 176

  沟通与互动 / 176

  环境与文化 / 177

  教学与学习 / 177

  政府机构的实例 / 177

 非营利性组织和非政府组织 / 177

  沟通与互动 / 178

  环境与文化 / 178

  教学与学习 / 178

  非政府组织的实例 / 178

测试你的理解 / 179

一个有代表性的教育技术挑战 / 179

学习活动 / 179

注释 / 180

参考资料 / 180

链接 / 180

其他资源 / 180

术语表 / 182

参考文献 / 187

译后记 / 196

图表目录

图 1.1　一个游标卡尺 / 9
图 1.2　教育技术的维恩图解 / 10
图 1.3　用 MOT plus 创建的教育技术的概念图 / 12
图 2.1　优质学习和教学的组件和标准 / 17
图 2.2　教育技术的基础支柱 / 18
图 8.1　科学理论的概念化 / 72
图 9.1　数据、信息、知识与智慧 / 84
图 9.2　一个传播的建构主义模型 / 88
图 10.1　有关"海啸"的概念图示例 / 97
图 10.2　有关"鱼"的典型概念图 / 97
图 10.3　一个典型的教学流程图 / 99
图 10.4　教学设计理论的组成 / 102
图 10.5　一种问题分类方法与问题的特征 / 104
图 11.1　Rogers(2003)创新接受曲线 / 120
图 11.2　Davis 技术接受模型 / 121
图 12.1　Tennyson 的第四代 ISD 模型 / 128
图 13.1　研究学习技术的 IEEE 技术学会关于高级学习技术新课程的报告 / 142
图 14.1　显示标准差的正态分布 / 148
图 15.1　教育技术的支柱 / 158

表 2.1　相关的层级 / 23
表 3.1　专业层级 / 34
表 4.1　教师能力 / 40
表 5.1　学习、绩效的支持者和相关活动 / 47
表 5.2　教学活动和有代表性的技术 / 48
表 7.1　Erikson 社会心理发展的八阶段 / 68
表 9.1　传播模式、观点及应用 / 89
表 9.2　传播矩阵 / 90
表 10.1　学习类型与教学策略的关联 / 103
表 10.2　Gagné(1985)的教学活动与学习过程 / 107
表 10.3　4C/ID 的组成 / 109
表 12.1　教育技术支持的国家框架 / 130
表 13.1　21 世纪的技能概览 / 141
表 13.2　ALT 的五种能力范围 / 143
表 14.1　教育实体与相关设计关注点 / 150
表 15.1　有代表性的技术整合关注点 / 161

第一部分

介绍与综述

第一章 定义教育技术

"我们塑造了我们的工具,然后我们的工具塑造了我们。"[1]

摘自马歇尔·麦克卢汉的《理解媒介》

技术

  思考一下,冰箱就是一种技术。冰箱这些年来已经有了很大的变化。几千年来,人们都知道把食物存放在阴冷处或包在雪中能比常态下保鲜更久。冰箱不是一种新技术。自从通过添加特定化学物质(比如硝酸钠)能降低水温的现象被发现以来(可能是在16世纪),冰箱并没有很多变化。冰库在19世纪得到了普及,人们设计出各种减慢融化过程的绝缘技术。机械冰箱出现在19世纪中叶,其方法是压缩诸如氨、氯甲烷或者二氧化硫这样的气体,使之循环和扩散于分散的管道内,这类冰箱在美国、澳大利亚、法国等很多地方出现。在20世纪早期,诸如氟利昂这样的含氯氟烃(即破坏臭氧层的CFC)代替了那些使用中毒性更大的气体。50年以后,人们才发现含氯氟烃对大气层的有害影响(消耗臭氧),并对人类有间接的毒害影响。技术通常被认为是对知识有规则的应用,用以造福人类,但技术也会产生有害影响。

  用于冰箱中控制气体汽化和冷凝的方法在这些年也发生了变化。一个气体或者丙烷的冰箱能够控制这些进程,其方式只是简单地加热一种气体,比如氨,

---

[1] 本译文选自马歇尔·麦克卢汉.理解媒介:论人的延伸[M].何道宽,译.上海:上海译文出版社,2011年.——译者注

氨首先汽化，再液化并冷凝在水中。这个过程中不用马达并且非常简单。然而，气体冰箱在市场上并没有电动冰箱的表现好，电动冰箱用一个马达来控制膨胀和冷凝。在现代的电动冰箱中，有自动的除霜机、制冰机以及很多其他功能。当我的祖母在20世纪80年代以94岁高龄辞世时，在她阿拉巴马的农庄中有四台冰箱。其中一个是冰柜，上层放冰块，下层放食物。她还有一个气体运作的冰箱，以及两个电动冰箱，其中一个还有制冰机和自动除霜机。四台冰箱都满足工作条件并还在使用。她用最新冰箱中的制冰机来供应冰柜的用冰。她很沉迷于冰箱的技术，并利用这些技术来保存产自她农庄的食物。她对冰箱的运用毫无疑问让我们的家庭受益。

为什么一本教育技术的书开始要说这么一段冰箱简史？有下面一些理由。首先，这个例子会用来形成对技术的定义。第二，这个例子突出了技术的一个重要特点——字面上叫做变革。第三，该例子表明，技术本身无所谓好坏，而如何使用技术才有好坏之分。最后，当规划和革新技术时，需要考虑其对社会和市场的影响。

定义技术

从冰箱这个案例中，我们可以发现，技术包括了可触摸的东西，比如一块冰或者一台冰箱。然后，这样的定义会遗漏在汽化和冷凝中使用的那些过程，以及其中的各种气体、使冰绝热的技术、产生所需气体的方法，等等。一些冰箱种类在理论上被全面设计但却从没投产。对一台冰箱的详细说明是技术吗？丙烷驱动的吸收过程中的处置是技术吗？单词"技术"（technology）来源于两个希腊单词——*techne*（艺术、手艺或技能）和 logia（词汇、研究或者知识体）。"技术"的词源意味着，制造事物的知识，其中似乎就包括了对作为技术的冰箱的说明。

对定义的传统理解是定义对象的本质——即什么使之成为此物而非其他。有人通过了解事物的必要、充分的条件和特性来探寻其本质。然而，现代对定义的理解还要考虑这个定义会怎样来用。事实上，很多人用单词"技术"来指代一个制造出来的物体，比如计算机和电话。如果有人听得仔细，他也会听到人们把不同电话使用的传输方式或不同代际的计算机技术作为技术。这些对"技术"的使用涉及比特定电话或计算机更抽象的东西。似乎用到"技术"这个词时，大多是指为实际目标而进行的知识应用。我祖母用冰柜来储存食物；她希望给全家提供食物（实际目标），而且她知道冰柜能帮助她更长久地保存食物（知识）。

让我们达成这样的共识，技术意味着为一个目标而实际应用知识。可以利用专利的概念让这个说法更具象。按照这个定义，几乎所有专利或者能够被做成专利的东西都代表了一个技术。这个宽泛的定义也允许我们聚焦于不同类型的知识和不同的应用某类知识的目的。当然，我们最关心的一般性目标是教育，但这也是下一章要研究的一个宽泛领域。

在继续行文之前，还值得一提的是，关于科技的定义是会变化的。事实上，变化可能是技术的一个基本方面，因为知识总是在发展，而人们的目标和意向是充满变数的。技术是变化的。就像冰箱的技术多年来发生了戏剧性的变化，绝大多数技术都倾向于变化。随着技术的变化，人们的行为也会变化。人们能把食物保存越来越长的时间，并开始在一个季节吃另一个季节才有的食物。技术改变了人们所做的，也改变了人们想做的。由于技术而成为可能的东西被叫做功能可供性（affordance）。冰箱的技术提供给了我们在不同季节吃到各种食物的机会。

测试你的理解

以下哪个是（或者不是）技术，为什么？（考虑特定的知识以及其中的目的）

1. a. 亚拉巴马州海湾沙滩上的白沙
   b. 一个足够放冰块的空箱子里的沙子
   c. 粘在一张硬纸板上的沙子
   d. 新墨西哥州图拉罗萨（Tularosa）附近的白沙子
2. a. 一台手提电脑
   b. 一部移动电话（手机）
   c. 互联网
   d. 无线网络
3. a. 一个把若干项目按照字母顺序排列的过程
   b. 一个决定一组得分的标准差的算法

c. 一个电子设计工作室的蓝图
d. 德克萨斯州威克水槽①的岩画

教育

　　教育与技术一样，从它所包含的内容看是非常宽泛的。单词"教育"（education）来自拉丁语——educare——是指抚养、培训或支持，由两个词根组成，即 ex 或者更简单的 e（来自，或源自）以及 ducare（领导、引导）。现代术语的来源是有着丰富信息的，因为它提出了教育包括一个意图或目标，还有一个用来达成这个目标的支持或引导的过程。

　　然而，为了保证不与通常意义和普遍用法偏离太大，我们应该去关注单词"教育"的用法。当我们听到一个人说另外一个人受到良好（或不好）教育时，我们并没有觉得不正常。我曾经被告知我的教育在某些领域有欠缺——尤其是艺术。单词"教育"经常与一个修饰语结合在一起，来表明一个学科领域或通用方法，比如"工程教育"或"通识教育"。有人偶然听说某人积累了特殊或不寻常的经验，会说"这才是有教育意义的"。在这些地方用"教育"，让我们又一次看到了这个概念中包括了一个目的和一些知识。还很典型的说法是教育经验也关系到一个人或一个机构，虽然那个人可能靠自己搞教育（也就是"自学"）。通常，单词"教育"在一个简历中是用来表明曾入学的机构和个人获得的学位。

　　知识和学习的过程似乎都包括在教育经验中了。就像打一个越来越深的洞并把更多的单词填进去，我们得承认学习包括了变化，即人能够做到或者会去做或者相信的变化。为什么要引入变化这个概念？好的，"教育"已经有了知识和目的，这与"技术"类似。可能"变化"这个概念就是第三个共同点。而且，如果一个人宣称学习发生了，那么接下来似乎很合理地发问："你怎么知道？"答案可能是，在教育过程发生之前，这个人不能做某件事，但现在这个人学过某些东西了，他或她现在能做这件事了。如果这种变化能持续一段时间，似乎就能完美地判

---

① 威克水槽（Heuco Tanks）是美国德克萨斯州的一处公园，"Heuco"来自西班牙语，意思是空洞或者凹陷，此处特指岩石上的空槽，里面能够存储雨水。——译者注

断他或她已经学会了这件事或被教会了这件事。请注意在这里我们并没有像其他人经常做的那样，试图去精确区分被教会和学会之间的区别，也没有去区分教育和培训的区别。而且，我的意图是保持对教育的一个广义的定义，这样的教育一定与学习高度关联并包含了培训。

区别一下两个事情还是可行的，一个是学习定义明确、十分具体的任务与过程（通常被称为培训）；另一个是学习更加开放的知识，比如对历史事件的认知或哲学原理（比培训更加广义的学习）。在我们看来，很多人们需要学习的事情是许多事情的混合体，有一些被认为最好通过培训来学习（比如确定液体酸度的既定过程），有一些是通过更加宽泛的教育来学习的（比如环境规划）。需要学习的事务包括了多种类型的知识，这个概念可以在 Robert M. Gagné 和 M. David Merrill 的一篇里程碑式的论文中找到（1990；见 www.ibstpi.org/Products/pdf/chapter_5.pdf，是为 *The Legacy of Robert M. Gagné* 一书重印而写的一篇文章），也可以在 Jeroen van Merriënboer 的一本重要著作（1997）中找到。

定义教育

通过对术语"教育"在词源学和一般用途上的讨论，我们现在可以把教育定义为一个通过系统与持续的努力来提升人的知识、表现和理解的过程。当人们使用"教育"这个术语时，意味着教育也可以是非计划性的和偶然的（正如我在表演方面意外的欠缺既有启发性意义也有教育性意义），不过绝大部分对这个术语的应用包含了一个有目的的和需要付出努力的活动。学习和知识与教育相关。教育有时与培训是不同的，本文的观点是，教育包含了培训，这里的培训是适合支持指导定义明确的、反复任务的学习类型。典型的教育包括了针对宽泛目标的宽泛的学习行为和教学，比如培养一位计算机专家、一位工程设计师、一位律师、一位护士、一位冷冻技师，或者一位老师。成为一个受过良好教育的专业人员意味着在问题解决和承担任务上的特定水准的能力，以及对该领域的高水准知识。

总之，我们对教育的定义是宽泛的，包含了来自他人（通常是一个机构）的有目的的和系统的研究、指导和支持，还有某人在能力和知识方面的变化。所以，教育就包括了学习、教学和绩效，这些在本书都会被陆续提及。教育与技术一样，除了在一个特定领域的目标和具体性外，还包含了变化。

测试你的理解

以下哪个是(或者不是)教育,为什么?(考虑特定的知识以及其中的目的)
1. a. 学习修理冰箱上的压缩机
   b. 把一台坏了的冰箱送到垃圾回收站
   c. 研究曾生活在德克萨斯州威克水槽附近的莫戈隆(Jornado Mogollon)人的习性
   d. 学习建筑中将石膏转换成干燥墙壁的方法
2. a. 一张驾驶执照
   b. 一张高中文凭
   c. 一份四年制大学的成绩单
   d. 体育比赛中的一个杰出成绩奖
3. a. 按照字母顺序的升序排序
   b. 确定一组得分的标准差
   c. 制作出一个电子设计工作室的蓝图
   d. 画一幅德克萨斯州威克水槽岩画的复制品

教育技术

在确定技术和教育的宽泛边界之后,我们现在可以思考本书所涉及的总题了——教育技术。只思考教育而不去思考那些支持教育的各种各样的技术,这几乎不可能。用来教孩子概念的一个常用技巧是举例,举个例子来说明一个规则,举出更多的例子,也举一些错例,说明错例是如何违反了规则,然后让孩子们去测试他/她自己对新的例子的理解。为了教"水果"这个概念,我们可以举出一个香蕉、一个橙子和一个苹果,说明每一个都是水果的一个例子。然后可以引出一个水果的一般定义,即可食用的、植物中蕴含种子的那个部分。一个老师可能遇到孩子们提出的各类问题,比如"香蕉中种子在哪里?"或者"番茄或者南瓜可以吃且有种子,它们究竟是不是水果?"或者"无籽西瓜呢?"各种界定是如此有趣,孩子们很乐意去发现反例和问题。我们应该保护这样的天分。接下来是错例,比如各种坚果、土豆、芝麻叶和萝卜。这样一次课可能包括了比水果这个概念更多的内容。它可能包括多种概念(水果、坚果、蔬菜),以及平衡饮食与营养饮食这样的高级概念。而且,基本概念和术语在很多场合和对很多学习者都是重要的——不仅仅对儿童。有人可能说,在某个领域成为一个受过良好教育的专业者的一个步骤是学会说与该领域相关的专业语言。这本书是关于学习说教育技术学科的专业语言的。

当我们试图建立用"教育技术"去学习的概念时,会发生什么?这里有一些被人们称作教育技术的例子:(a)一个给新学者介绍使用某一特定计算机程序的计算机辅导材料;(b)一个互动白板,上面投送了一个计算机屏幕并点击激活一个特定的菜单选项;(c)一个在线学习管理系统的论坛;(d)一个把公式转换成曲线的计算机程序;(e)包含了政治家及其表决情况等详细历史信息的数据库。

我们可能生成怎样的规则,才能让新手正确描述作为"教育技术"的这些例子?假设我们试试如下一个简单规则:一个能帮助人们学习某物的技术就是教育技术。会有很多例子能印证这个规则。然后我们可能添加更多的例子,比如:(a)一个掌上计算器;(b)一个转换华氏温度到摄氏温度的计算机程序;(c)一个计算球体体积的公式;(d)一个基于互联网的工具,用来介绍、说明和解决圆盘数量随机的汉诺塔问题(例子可见 www.mazeworks.com/hanoi/index.htm);(e)一个游标卡尺。游标卡尺是一种教育技术吗?真的?真的。它是有史以来最有效的教育技术之一。游标卡尺允许人们通过简单的增加和减少来实施数的除法和乘法。在国际游标卡尺博物馆的网站上可以发现一个非常好的游标卡尺介绍和一个关于其用途的自助材料:http://sliderulemuseum.com/SR_Course.htm(见图1.1)。这个网站很好地整合了历史、实施计算的过程和数学知识。

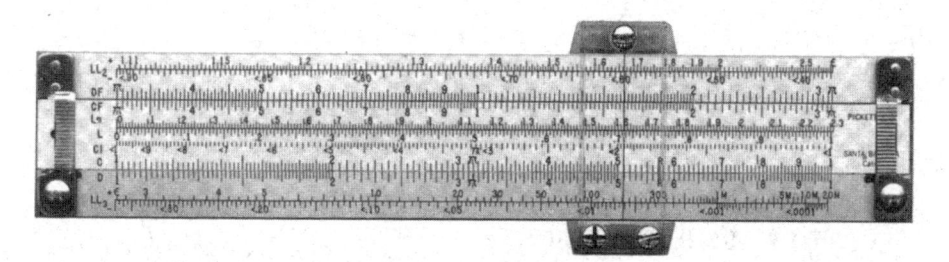

图1.1 一个游标卡尺

所以，游标卡尺是怎么成为教育技术的呢？人们可以用游标卡尺来学习对数。人们可以用游标卡尺来实施在很多数学类和工程类项目中用到的计算。简而言之，游标卡尺可以支持学习和展示，具有很多教育上的功能可供性，所以是实至名归的教育技术。

是什么让游标卡尺成为一种格外有效的教育技术？我们知道，事实上使用它需要非常细致地运用游标和刻度。移动游标和阅读发丝般指示的刻度，这意味着但凡有一个很小的失误，就能导致一个很大的错误。这迫使游标卡尺的使用者要很好地理解接下来需要解决的问题，以形成一个含有合理答案的可能范围。如果游标卡尺没有在预期范围内显示些什么，使用者首先就应该怀疑使用错误并重新计算。换句话说，让游标卡尺如此有效的原因是它迫使使用者认真思考要解决的问题——使用者通常需要在使用技术前仔细考虑问题并形成一个初步的答案。当游标卡尺被功能强大的手持计算器和计算机取代时，这提醒我们，一种教育技术的强大功能可供性是要让人们去思考那个需要去理解的问题。这里所用的教育原理是，对要解决的问题的本质进行思考，这在促进学习和理解上通常是有效的——这是一个值得牢记的原理。

在教新人关于教育技术的概念时，我们应略去没有实例的部分。然而，这样做在课堂背景下是富有见地的。一旦无案例教学被预设了，我就能预测到某些人对教育应用的想法。如果在教室环境或论坛上尝试这个做法，那肯定会很有趣。

定义教育技术

前面的讨论暗示了我们可以用技术和教育的整合来定义教育技术。这样的定义会是什么样的呢？

图1.2描绘了两个相交圆的维恩图：教育与技术，划分了四个空间：(1)既不是教育也不是技术

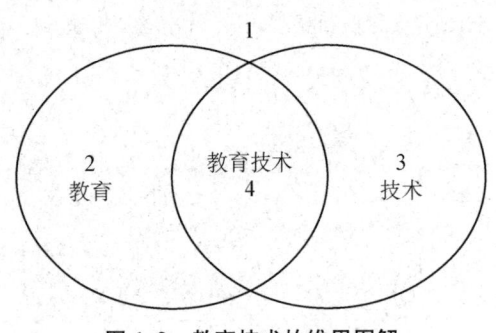

图1.2 教育技术的维恩图解

的;(2)是教育但不是技术的;(3)是技术但不是教育的;(4)教育和技术都是的。

很显然空间(4)是本书通常聚焦的。然而,虽然这个图表明了一个特定的逻辑需求,但也出现了新的任务,要为每个空间确定案例,而这并不容易——请作为一个课堂讨论或一个个人项目的内容来试一下。

我们仍然需要一个有用的教育技术定义来引导我们的探究和进一步的讨论。这里有一个根据一般的目标、知识与变革三元素而形成的定义:教育技术包括了以改进学习、教学和(或)绩效为目标的对知识的专业应用。知识的专业应用这个词之所以用在这里,是为了表明教育技术是一个工程类学科的观点,因为是用基于过去的体验和经验型的证据的原理,去指导教育技术的专业人员去做事情。这些原理是基于如下的基础科学和经验研究:认知、控制论、信息科学、人性因素、学习理论、大众传播、信息设计、组织理论,以及心理学。教育技术内在就是一个跨学科的事业。鼓励解决问题首要反思问题的本质,这样的原理可以追溯到认知心理学的研究(可能还可以追溯到更早)。

教育技术借助了多个学科的工作。因为有多个学科的介入,又因为教育技术的问题通常是复杂的和充满挑战的,所以在有序和系统的方法下思考清楚怎么做就显得尤为重要。长期以来,系统观就是教育技术的重要特点。系统观包括了对问题和解决方案的长期观念(从实施中产生的想象到解决方案的出局或替代),也包括了对相关因素宽泛而综合的观察(从即时境脉到偶发的和非预期的行为),还包括了对问题空间的动态视角(事物总是趋于变化的)。

教育技术包括了多个学科、多种行为、多样人群、多种工具和多个能促进有意义变革的机会。有很多来自不同学科的原理去指导教育技术的所作所为。许多工具和技术被开发出来,用于帮助教育技术完成它们的任务。图 1.3 是用一个叫 MOT plus 的知识建模工具为教育技术而创作出的理论概念,是在加拿大蒙特利尔大学附属的 LICEF 研究中心被开发出来的(参见 www.licef.ca/home/tabid/36/language/en-US/Default.aspx)。

除了多学科和多工具,教育技术专家对其中的不同过程和活动都有着不同的观点。用技术去促进学习、教学和绩效远不止是一个死板的计划。要较好地解决具有挑战性的问题,教育技术专家会面对诸多途径、方法和工具。我们准备

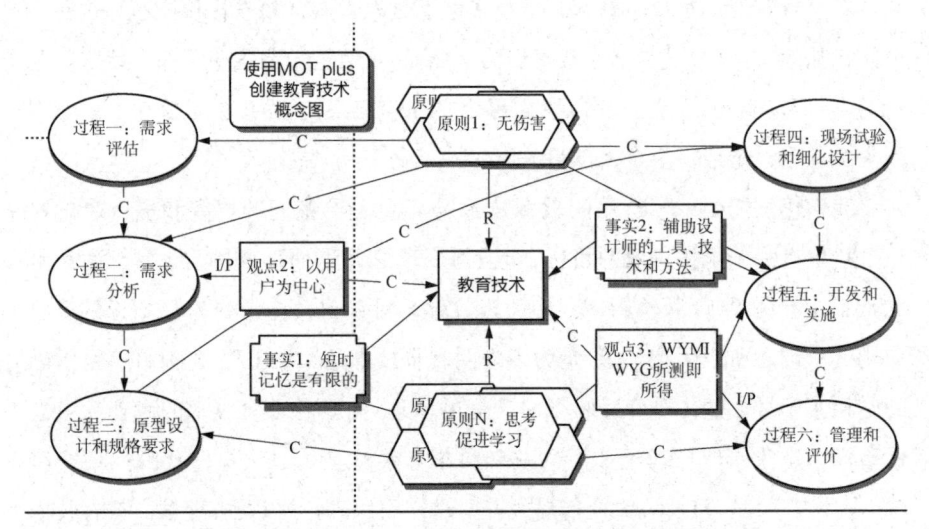

图 1.3 用 MOT plus 创建的教育技术的概念图

提出一个有代表性的复杂问题以及建议性的活动来寻求解决方案,以此作为本章的结束。这个例子用来说明两个与本章有关的活动:(1)分小组讨论这个案例并协作开发一个更细致的解决方法路径;(2)创建一个设计组合,可用于本课程以及后续课程中的活动。

一个有代表性的教育技术挑战

一个大型教育组织如果提供在线课程和课程、项目的在线支持,这样的组织被认为改变了其学习管理系统(learning management system-LMS)。请考虑如下几个问题:

1. 对这个组织及其支持者而言,哪个 LMS 最佳?
2. 对这个组织而言,哪个 LMS 在获得和维护的成本上最易承担?
3. 与支持、接受度和使用相关的问题有哪些?
4. 现有的课程、支持材料和项目怎样才能移植到新系统中?
5. 员工怎样受训以便有效使用新系统?

学习活动

1. 制订一个计划,说明上述教育技术中有代表性的挑战中的前三个问题。把这个计划与你的同事分享并请他们评论;作为交换,评论一个或多个他们的计划。

2. 制订一个计划,说明上述教育技术中有代表性的挑战中的后两个问题。把这个计划与你的同事分享并请他们评论;作为交换,评论一个或多个他们的计划。

3. 调查一些互联网上与教育技术有关的资源,制订一个与教学设计者和教育技术专家典型相关的活动和职责清单。指明与这些活动和职责相关的知识和技能。把你的发现与同事们共享并请他们评论,作为交换,评论一个或多个他们的发现。

参考资料

Gagné, R. M. (1985). *The conditions of learning* (4th ed.). New York: Holt, Rinehart & Winston.

Gagné, R. M., & Merrill, M. D. (1990). Integrative goals for instructional design. *Educational Technology Research and Development*, 38(1), 23–30.

van Merriënboer, J.J.G. (1997). *Training complex cognitive skills: A four-component instructional design model for technical training.* Englewood Cliffs, NJ: Educational Technology Publications.

链接

The article entitled "Integrative Goals for Instructional Design" by Robert M. Gagné and M. David Merrill that appeared in *Educational Technology Research and Development* in 1990 was reprinted with permission in *The Legacy of Robert M. Gagné*, a volume sponsored by the International Board of Standards for Training, Performance and Instruction (www.ibstpi.org) and is freely available as of January 2010 at the following URL: www.ibstpi.org/Products/pdf/chapter_5.pdf.

A nice example of a Web-based tool to help students learn about exponential functions in the context of the Towers of Hanoi game can be found at www.mazeworks.com/hanoi/index.htm. There are many more such examples of the Towers of Hanoi game available online. It is worthwhile to have a look at these and see how different examples might be used to teach different aspects of the Towers of Hanoi problem.

An introduction to the slide rule and its use can be found at the website for the International Slide Rule Museum: http://sliderulemuseum.com/SR_Course.htm. This website integrates history, procedures for performing calculations, and mathematical knowledge.

A powerful knowledge-modeling tool is freely available from the LICEF Research Center in Montreal, Canada: www.licef.ca/Home/tabid/36/language/en-US/Default.aspx.

Another powerful concept mapping tool called CMAPS developed by the Institute for Human and Machine Cognition (IHMC) affiliated with the University of West Florida: http://cmap.ihmc.us/conceptmap.html.

其他资源

The Association for the Advancement of Computing in Education (AACE): www.aace.org.

The Association for Educational Communications and Technology (AECT): www.aect.org.

The International Board of Standards for Training, Performance and Instruction (ibstpi): www.ibstpi.org.

The New Media Consortium (NMC): www.nmc.org (look for the Horizon Report).

第二章 价值,基础和框架

"一切都在变化,没有东西静止。"

摘自赫拉克利特(柏拉图《克拉底鲁篇》)

价值

考虑到技术的变化以及人们所做和能做的事情也在变化,我们如何才能保持坚实的基础和我们的价值?这种挑战在鲍勃·迪伦(Bob Dylan)的歌曲《永远年轻》中得到了最好的诠释,但是根据许多不同年代的著作,最早的解释可以追溯到赫拉克利特,一位前苏格拉底哲学家。在上一章,我们主张教育技术既非有益也非有害,而是取决于它的使用。虽然使用教育技术的意愿是希望对一个人或者一些人有益,但也会意外地发生有害的结果。让伦理学的概念成为教育技术定义的组成部分是不符合逻辑的,就像把伦理学的概念引入医学外科的定义上也是不适当的。然而,伦理学显然已是医学实践的一部分,是体现经典的希波克拉底(Hippocrates)誓言的典范:

> 无论至于何处,遇男或女,贵人及奴婢,我之唯一目的,为病家谋幸福,并检点吾身,不作各种害人及恶劣行为,尤不作诱奸之事。

(埃德尔斯坦《希波克拉底誓言》1943)

就像医疗技术的实践是且应该以伦理学做指引,教育技术的实践也是且应该以伦理学原则做指引。受希波克拉底誓言启发的教育民主誓言已经被提议运用于教育技术实践者(Spector，2005)。

1. 不做有损于学习、绩效和教学之事。
2. 尽我所能改善学习、绩效和教学。
3. 将行动建立在我及他人已经了解和分析的实证之上。
4. 分享我所学习到的学习、绩效和教学原则。
5. 尊重与我互动的每一个个体的权利。

为何选择古典的希波克拉底誓言而不是现代的版本要从文化的概念进行探讨。伦理学原则和价值都与文化密切相关。我们的文化普遍摆脱了奴隶制，但我们社会中仍有许多处境不利的人。教育技术的不利方面之一，就是不自觉地增加那些已经在经济和教育方面落后的人的额外负担。教育民主誓言(educratic oath)的首要原则就是承认数字鸿沟的扩大是错误的。不要在给一类人带来裨益的同时给另外一类人带来不利。这是一条难以秉承的伦理原则，然而这是我们的责任。

不考虑包含伦理原则的各种价值，教育技术就无法实践。有人用另类的观点强调学习共同体的开放性。有人首先考虑经济因素，同时也有人首先考虑学习结果。不能简单说哪一种价值观是正确的或者是错误的。我们应该理解这些价值观并尽可能尊重这些价值观——或者决定去追随其他价值观。

如果想要了解更多关于教育技术伦理的信息，可以访问美国教育传播与技术协会(Association for Educational Communications and Technology，AECT)网站(www.aect.org)和国际培训、绩效、教学标准委员会(The International Board of Standards for Training Performance and Instruction，IBSTPI)网站(www.ibstpi.org)。

怀疑

在教育技术的相关价值观中，值得一提的是被认为在对教育技术应用能够提升学习和绩效的怀疑倾向的价值观。在过往历史中，有很多教育技术专家认为引进并采用特别的技术会显著改善教学(Spector & Anderson，2000)。虽然巨变至今并没有发生，关于技术可以显著改善学习和教学的许诺仍在持续提出。我们应该对类似的许诺和预测抱以怀疑的态度。怀疑的态度本质上是一种质疑的态度,也就是说一个人致力于尝试去发现并愿意考虑其他的选择。怀疑意味着疑惑和渴求了解。承认不知道某个事物但是愿意去了解并愿意去调查各种情形,这是怀疑的标志,也是应该铭记于心的教育技术的重要价值之一。

图 2.1 的教育技术框架强调了各种价值观的位置,可以过渡作为一个讨论的基础。这张图也说明了设计层级的概念,以后我们会做进一步讨论。

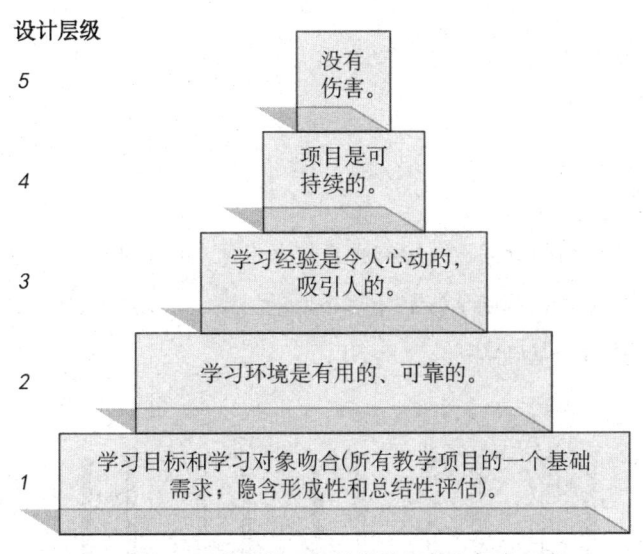

设计层级

5 没有伤害。

4 项目是可持续的。

3 学习经验是令人心动的,吸引人的。

2 学习环境是有用的、可靠的。

1 学习目标和学习对象吻合(所有教学项目的一个基础需求;隐含形成性和总结性评估)。

图 2.1 优质学习和教学的组件和标准

当前所有的讨论都在金字塔的顶端——没有伤害。图 2.1 中设计层级的其他的组件和概念将在本书后续章节中介绍。

理解测试

检测以下每一个场景中潜在的有害结果。

1. 给学生介绍图形计算器并教他们使用,以理解代数表达式中变量间关系。所有学生在学校里都能使用计算器,鼓励但并不要求学生购买自己的计算器。

2. 已经介绍过的战斗机弹射程序的一个升级。原来飞行员是从战斗机的底部弹射出去,在低空弹射时要求飞行员必须先翻转战斗机。新的弹射装置是像其他大多数飞机一样把飞行员从战斗机的顶部弹射出去。飞行员已经接受过原先弹射程序的培训。新弹射程序公布时,飞行员拿到了新弹射程序的文字说明,但没有其他的培训。

3. 一个学校决定根据学生在政府标准化考试中的平均成绩给教师发放绩效工资。学校通过给所有老师提供新软件的方式来支持这种做法,这些软件可以用来测试学生在这些考试中可能的表现,并能发现在标准化题目上存在的、一直困扰学生的特定难点。

基础

一旦认识到价值会渗透并影响教育技术专家(和其他人)如何去做,再来看看教育技术所依赖的基础学科是非常必要的。图 2.2 以传统的方式,通过支柱来展示教育技术的基础学科。

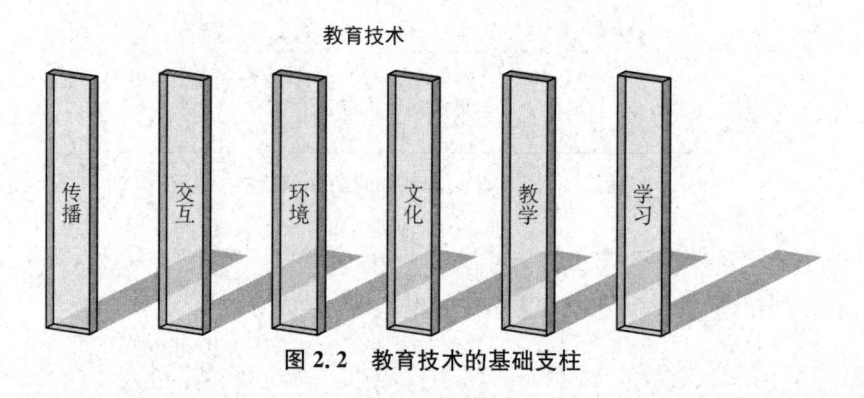

图 2.2 教育技术的基础支柱

许多学者从不同方面描述了教育基础的基础支柱。图 2.2 的六个支柱,是对其他已有观点的综合表述(如 Richey 等,2011)。之所以选择这些特定的支柱,是因为它们也是表示人们行为的集群,或者它们在教学情境中会强烈影响人们的行为。这六个基础集群(支柱)是:传播、交互、环境、文化、教学和学习。在介绍关于基础的另一种观点之前,先简要讨论一下这六个支柱。

传播

在每一个专业领域,对每个人而言,传播技能都是非常重要的。教育技术专家,不管是开发者、设计者、教学者,还是技术专家,都需要清晰、有效地和其他人沟通,特别是与和自己有不同专业背景及培训经验的人沟通。国际培训、绩效、教学标准委员会(IBSTPI)在研究中发现,对教学者和教学设计者而言,最关键的技能就是传播技能,包括写、说和倾听的技能。

从基础的视角看,传播理论和原则是教育技术得以有效应用的关键因素。在本书的讨论中,传播理论是一个广义的定义,包括理论、模式、原则以及信息呈现、发送、接收和处理的格式。

教育中被广泛应用的传播理论是Paivio(1991)的双重编码理论(dual coding theory,简称DCT)。双重编码理论也经常被认为是一个认知加工理论。Paivio提出,人类可以同时处理语言信息(如文本)和非语言信息(如图片)。依据双重编码理论,当设计一个复杂的程序并需要最小化学习者的认知负荷时,图片和文本同时呈现可能是最有效的。这个概念进一步强化了认知弹性理论(Spiro & Jehng, 1990),认知弹性理论与其说是传播理论,倒不如说是认知理论。以上介绍的传播学定义,既可以看作是传播理论,也用于支持教与学活动的有效设计和实施。

还有两个观点可以支持传播是教育技术的支柱的这一讨论。首先,我们所有人都是自然语言使用者和信息设计者。当我们和我们的邻居谈论政治或者天气时,我们都是为了特定的目的而构建信息。有时这个目的只是为了呈现简单的信息,在这种情况下我们可能只是构建纯描述性的信息。在另外的场合,我们的目的可能是为了说服,这时我们可能使用比喻和夸张。为了支持学习和绩效而构建和传输信息时,需要仔细考虑目的和预期的观众以便设计有效的教学信息。

第二,和他人分享信息和交换意见的能力是典型的人类特征,另一个更为基础但是也相当典型的特征就是我们可以根据自己的经验创建内部表征,认知心理学家称之为心智模型(Johnson-Laird, 1983)。创建内部表征的能力就是建构主义认识论的本质。虽然大多数认知科学家和教育技术专家把建构主义认识论作为一个普遍的出发点,但对心智模型和建构主义存在大量误解。人们自然而持续地构建这些完全隐藏于视野之外的内部表征。一个人永远不可能看到一个心智模型——甚至是他本人的。人们只能看到心智模型的表征,这些表征来自不同的格式（口语或者书写文本、图片、草图等等），它们能够有效（或者无效）显示或者引出关于一个人对特定情境所知道和所理解的信息。

显而易见，传播基础支柱本身也有它的基础理论、原理和知识（如认知科学、认识论和媒体理论）。其他的基础支柱也是如此。

交互

人们谈论自己的经验并建立它们心智模型的表征是非常自然的，人们的行动——去做事情也是非常自然的。M. David Merrill 在很多报告中曾经公开指出，人们学的都是他们在做的。这并不奇怪。从行为的视角来看，如果一个行动被认为是成功的，它就会被固化并在相似的情境中被重复。从认知的视角来看，一个会自然追求成功结果的人，会监控自己采取的行动，评估行动的结果并确定成功。当遇到相似的决定和行动时，他会形成一个重复成功的预期。从神经元的视角来看，大脑中的神经连接和突触连接随着重复被固化。

设计和实施教学的人通常设法支持成功认知、相关的决定、行动以及影响成功的因素。这些是通过形成性反馈机制发生的。这一机制能帮助学习者发展他们自己监控过程的技能（自我调节）。因此，形成性反馈是支持学习和提高绩效的一个关键因素。有很多技术可以用于支持形成性反馈。

教学的支持通常由计算机或者其他的教学设备提供。有些反馈通过计算机界面自然发生。支持教育的界面设计要求高超的技巧，这涉及多个领域，包括人机交互。适当地选择和配置一种技术对教育技术而言，是一项重要的技能。更为重要的是适当地设计学习活动并排序，这对每一个教师和教学设计者来说是一项基础任务。而设计能够帮助学习者发展信心和能力的交互，让其在越来越复杂的任务中取得成功，是教育技术有效应用至关重要的一点。

正如传播支柱的例子，交互本身也有多个支柱，包括行为主义、认知主义、神经心理学、人机交互、反馈和形成性评价理论和原理、专家知识理论等等。

环境

环境包括学习和教导发生的物质和心理情境。有些学者将物质情境称为学习场所，将心理情境称为学习空间。这里所指的环境包括二者，也和组织氛围

(如层级分明的、信任的、僵化的、民主的等等)、经济因素、技术生命周期、人员支持等相关。

关于这个支柱,基础的理论视角是系统理论。教育总是发生在一个系统情境中。一个教育系统包含许多相互关联的组件,其中包括学习者、教学者、学习目标、教学材料、学习活动、形成性和总结性评价工具、技术以及其他事务(参见图1.3)。教育系统通常非常复杂,包含很多相互关联的组件,有不同优先顺序和价值多元利益主体,多个组件之间动态和非线性的关系,延迟效应(如引入一种新技术支持学习的效果通常在一些时间并不显著)。技术介入的影响很少是迅速的,通常也很难去精确地检测和报告。此外,众所周知,一种新教育技术在一个组织或一所学校的推广往往缓慢。

系统思维是一项非常重要的教育技术技能。作为一个系统思考者,这意味着什么?Peter Senge(1990)指出,一个系统思考者必须:(a)精通相关的技能(如设计和开发教学、改善学习环境、整合技术的教学等);(b)能够承受并决心解决复杂问题的心智模型获得良好发展;(c)对有挑战的问题,能够倾听并与他人交换意见以形成共同理解;(d)能与拥有不同背景的人协作;(e)能用整体的观点去看任务的环境,鉴别相关的因素及其之间的动态关系。

既然系统思维是环境基础的一个关键组件,发展对教育系统的系统认识和在系统内推广技术是一个非常严峻的挑战。Dörner(1996)认为,我们倾向于用局部的视角去看一个复杂的问题,而不是去思考整个系统。此外,关于对非线性关系和延迟效应,我们还不能给出很好的解释;我们倾向于期待即时结果,倾向于认为系统组件及其关系的未来状态将以某种方式与当前的状态高度相似。简言之,我们是天生倾向于简单化的生物。简单化倾向在某种程度上导致了我们知识建构的真相——我们创建外部情境的内部模式。模式就本质而言,就是简单化。总之,对教育技术专家而言,发展系统思维的技能是一项重要任务,这是一项不间断的工作——一个人应变得越来越倾向于系统思考,但是这项任务永远也不会结束。

文化

文化可以被看作是环境基础的另外一个部分。然而,因为学习变得越来越全球化，设计有效的学习环境时，文化差异被作为一个重要的考虑因素，所以我们认为文化应该是一个独立的基础支柱。一组对某一人群非常有效的技术创新，对另外一个不同文化的人群可能就没有效果。例如，要求学生在上面评判教学者争论的在线练习，设想把一个论坛发帖作为另一个替代性选择。在等级文化中，有一种历史悠久而且顽固的传统，高度尊重资深教师，且不能公开挑战他们，这样的练习就不可能非常有效；反之，在其他不同的文化情境中，这个练习就可能取得好的效果。

关于技术改变人们行为的核心精神，这里有另一个例子。一名在路易斯安那州的私立天主教学校讲授进阶英语课程的教师决定给学生介绍基于网络的学习支持系统。他们刚从书本上学习了关于流产的主题。教室内的讨论是非常拘谨的，与标准的天主教反对几乎所有的流产的文化相一致。但是，教师通过在线论坛讨论的形式开展讨论，在并没有给予真实的刺激下，一个非常生动的关于流产的各个方面的讨论发生了，绝大多数参与者表达了不同于在教室里讨论时依据教规所表达的内容。为什么在线论坛可以作为一个更开放表达的选择看上去并不十分清楚，但是通过这个例子我们可以发现教室文化与在线文化是非常不同的。这已经超出了本书试图定义的文化的范围，其中有很多细微的差别和复杂性。关于文化在数字学习情境中的深度研究，可以参见 Carr-Chellman (2005)。

教学

广义而简洁地说，教学是为了促进学习和绩效。教学是一项目标指向的工作。教学的基础包含各种各样的教学方法、模式和策略，与教学设计包含的模式、原理和理论一样。教学方法和设计模式以不同的层级存在，从特殊的交互到课本单元模块或科目课程，再到另一个层级。不同的层级有不同的注意事项和重点（见表 2.1）。

教学单元层级里有一个关于教学方法的例子，即掌握学习。学习者在其中可以得到支持和时间以取得对模块内容的掌握。学习者只有在掌握当前模块之后才可以开始下一模块的学习。

表 2.1 相关的层级

计划的层级	典型的相关
全球的（国家的）	文化和政治气候
制度	与任务一致
项目	评价；认证
课程	专业化的需求
一门课	需求；目标；评价
模块	一致性；顺序；情境
课	目标；任务；内容
单元	内容；情境；控制；相关性
活动	反馈；有意义；计时

Reigeluth(1983)指出，教学设计是规范性的，而不是像学习理论一样是描述性的。学习的研究者通常去识别和描述学习中的相关要素，教学设计的研究者则去识别那些使学习者学习成果最优化的条件（如环境要素和技术）和方法（如教学方式和策略）。因此，教学设计研究和教育技术实践与学习研究相比，更具复杂性和挑战性。

学习

教育技术与提升学习和绩效紧密相关。绩效包含可观察的行为，而不是特别不确定的，学习包含发生于一个人内部的并不能直接观察到的过程。就如第一章所提到的，学习是在个体能力、态度、观点、知识、和（或）技能上稳定、持续的改变。教育技术旨在培养和促进日积月累、富有成效的改变，由此发展专业知识与理解。

学习理论一般的目标是识别和描述在专业知识和理解发展中的机制和过程。前文提到的稳健的心智模型的进步发展就是这样一个过程。信息的灵活存储和检索是另外一个相关的学习过程。研究者们已经发现个体差异（如先前知识和培训、偏好表征、性别、年龄等）会影响学习成果。

正如在其他支柱中提到的，学习的基础支柱也有很多，与人类思想和行为的认知和非认知两方面都密切相关。例如，一个人对所学习的自然主题的观点或者他(她)学习该主题的能力,会影响学习,这个人在学习该主题时的情感状态一样也会影响学习(Kim & Keller,2010)。

其他基础隐喻

前面我们曾提到,基础支柱的选择稍微有点任意,几乎是基于对其他学者基础要素研究的一个综述。实际上教育技术依存于其他多元的知识体系,从本质而言是一门跨学科的科学。每一个基础支柱都有其各自的支持学科和知识体系,它们同时相互影响,本书后续的章节会加以介绍。

教育技术基础的这个特点导致对基础的另一种隐喻。与其认为它们是孤立的(但明显是相互关联)支柱,不如将其认作混凝土。混凝土长期被用来建设基础和把不同的建设用砖黏合在一起。混凝土实际上是不同物质的混合物,用来作为建筑中的黏合剂。混合物的成分(例如石灰、石膏灰泥等)也许就类似于我们的基础支柱。而其价值可以被类比为搅拌混合物的水——教育技术的所有作为都蕴含着价值。特定的混合物和所含的水的量是由建材(碎石、砖块等)、境脉(例如是地面上还是水下等)、气候以及要建造的结构等因素决定的。这可以类比为考虑学习者的特性、学习的环境、当地的学习文化等等。建筑工程师经常会考虑出现不正常环境的可能性,并会增加原料或者调整混合的比例以建造足够牢固的结构,以经受住极端的条件和多次的测试。这种实践反映了一种价值观导向(values orientation),就是说最重要的事情是建筑结构的健全性及能长时间存在和维持的能力。同样的是,教育技术的价值观导向将是特别强调创建学习环境,以期能很好地应对有较大差异的诸多类型的个体学习者,并且能比较容易持续长时间调节和维持。正如技术毫无疑问会有变化,使用技术的环境也会变化。因此,混凝土的隐喻会很好地提醒我们:(a)对成功而言,价值很重要并且是扎实基础的组成部分;(b)被开发和部署的教育技术应该要获得我们需要的结果;(c)我们所采用的教育技术需要得到支持,而且经常会以开发者没想到的方式被使用。

然而,另一个对基础的隐喻是拱门——是用砖做成的一个半圆或抛物线形的结构。最高处的砖被称为拱顶石。拱门用在建筑物中已经几千年了,部分是因为拱门不需要混凝土或灰泥,但非常牢固并且靠自身结构支撑。考虑到拱门的隐喻,拱顶石可以代表学习,被两边的砖块所支撑,砖块就成为我们提到的各种支柱。拱门隐喻特别诱人,是因为它引入了自我支撑的概念。教育技术在可能实施的时候,都应该或多或少地自我支撑,即在一个组织中部署后应该尽可能少些维护和培训。

测试你的理解

1. 以下哪一个选项可以说明一个人已经学会在一个电子设备中替换组件?
   A. 能够描述组件的功能。
   B. 能够指出组件安装的位置。
   C. 能够拆卸设备、拆除组件、安装新组件并重新组装设备。
   D. 能够检测组件,判断其是否正常工作。

2. Jean Piaget(1929)把儿童的认知发展分成以下四个主要阶段:感知运算阶段、前运算阶段、具体运算阶段和形式运算阶段。你认为 Piaget 的发生认识论最适合以下哪个基础支柱?
   A. 传播
   B. 交互
   C. 环境
   D. 文化
   E. 教学
   F. 学习

3. Lev Vygotsky(1978)提出了最近发展区的概念,认为学习者独立活动时所能达到的解决问题的水平与学习者在同伴、教师、导师和(或者)教学系统的帮助和支持下可能达到的发展水平之间的差异就是最近发展区。Vygotsky 指出社会交互和沟通(与同伴、教师、导师和其他)对认知发展和成长是必要的。你认为 Vygotsky 的成果最适合以下哪个基础支柱?
   A. 传播
   B. 交互
   C. 环境
   D. 文化

E. 教学

F. 学习

一个有代表性的教育技术挑战

一所创新的私立学校决定重新设计高中数学和科学课程以响应近来对综合科学和数学的强调,也因为有更多的毕业生对大学的科学、数学和工程学科等专业有浓厚的兴趣。但是,为了保证学校通过认证,学生必须接受已经开发的关于传统科学和数学主题考试知识的标准化测试,而不是评定他们实际应用这些知识的技能。至少有两个基础问题被提及:

1. 为了同时达成以下两个目标,应该如何设计新的课程?
   a) 鼓励更多的学生在数学、科学和工程领域追求更深入的学习;
   b) 确保学生们在现有的标准化考试中普遍表现良好。
2. 怎样的形成性评估有助于学生和教师向着各自的目标保持稳定的进展?

学习活动

1. 开发一个普适的指导性专题框架和一个概念性的高层级课程以响应上述典型教育技术中的挑战。

2. 开发一个形成性评估方案,附带一张用于教师和学生评估使用的建议时间表和指南,还要举例说明这个评估方案。

参考资料

Carr-Chellman, A. A. (2005). *Global perspectives on e-learning: Rhetoric and reality.* Thousand Oaks, CA: Sage.

Dörner, D. (1996). *The logic of failure: Why things go wrong and what we can do to make them right* (R. Kimber & R. Kimber, Translators). New York: Metropolitan Books.

Edelstein, L. (1943). *The Hippocratic Oath: Text, translation, and interpretation.*

Baltimore, MD: Johns Hopkins Press.

Johnson-Laird, P. N. (1983). *Mental models: Towards a cognitive science of language, inference, and consciousness*. Cambridge, UK: Cambridge University Press.

Jonassen, D. H., & Grabowski, B. L. (1993). *Handbook of research on individual differences, learning, and instruction*. Hillsdale, NJ: Erlbaum.

Kim, C., & Keller, J. M. (2010). Motivation, volition, and belief change strategies to improve mathematics learning. *Journal of Computer Assisted Learning, 26*, 407–420.

Klein, J. D., Grabowski, B., Spector, J. M., & de la Teja, I. (2008). Competencies for instructors: A validation study. In M. Orey, V. J. McLendon, & R. M. Branch (Eds.), *Educational media and technology yearbook 2008*. Portsmouth, NH: Greenwood.

Paivio, A. (1991). *Mind and its evolution: A dual coding theoretical approach*. Mahwah, NJ: Erlbaum.

Piaget, J. (1929). *The child's conception of the world*. New York: Harcourt, Brace, and Jovanovich.

Reigeluth, C. M. (Ed.) (1983). *Instructional-design theories and models: An overview of their current status*. Hillsdale, NJ: Erlbaum.

Richey, R. C., Klein, J. D., & Tracey, M. W. (2011). *The instructional design knowledge base: Theory, research and practice*. New York: Routledge.

Senge, P. (1990). *The fifth discipline: The art and practice of the learning organization*. New York: Doubleday.

Spector, J. M. (2005). Innovations in instructional technology: An introduction to this volume. In J. M. Spector, C. Ohrazda, A. Van Schaack, & D. A. Wiley (Eds.) (2005), *Innovations in instructional technology: Essays in honor of M. David Merrill* (pp. xxxi–xxxvi). Mahwah, NJ: Erlbaum.

Spector, J. M., & Anderson, T. M. (Eds.) (2000). *Integrated and holistic perspectives on learning, instruction and technology: Understanding complexity*. Dordrecht: Kluwer Academic Press.

Spiro, R. J., & Jehng, J. (1990). Cognitive flexibility and hypertext: Theory and technology for the non-linear and multidimensional traversal of complex subject matter. In D. Nix & R. Spiro (Eds.), *Cognition, education, and multimedia* (pp. 163–205). Hillsdale, NJ: Erlbaum.

Vygotsky, L. (1978). *Mind and society: The development of higher mental processes*. Cambridge, MA: Harvard University Press.

链接

The Theory into Practice (TIP) online database developed by Greg Kearsley is an excellent short introduction to the various theories mentioned in this and subsequent chapters: http://tip.psychology.org/.

Brent Wilson's (University of Colorado at Denver) Learning and Instructional Technologies: http://carbon.ucdenver.edu/~bwilson/index.html.

其他资源

The Handbook of Research on Educational Communications and Technology (3rd ed.) — available at cost to members of AECT: www.aect.org.
ICT Mindtools: http://ictmindtools.net/.
Learning Theories (Capella University): www.learning-theories.com/.
The Mitre Corporation site on Mental Models: http://mentalmodels.mitre.org/.

第三章　学习与表现

"我们的禀性是我们行为表现的结果。"

（亚里士多德《尼各马可伦理学》）

学习

学习基础支柱(见第二章图 2.2)很值得单独拿来进行重点论述,因为学习代表的是在使用、融合任何教育技术时的底线(请见第二章图 2.1)。教育的用途是培养理解力和能力,而教学的目标是促进有效学习,在学习的过程中为理解力和技能的形成打下基础。

正如在第一章中所表明的,学习的定义是个人能力、态度、信念、知识,以及(或者)技能的改变。很明显,过程及结果都在该定义中有所涉及。结果涉及的是已发生的改变。为了确立那些改变已经发生而且目标已经实现,很明显需要进行前测及后测。在一些案例中,学习者可能在后测中绩效良好,但若他在前测中绩效也一样好,他可能并未学习到任何东西。支持此类测试的技术有很多。测试事实性知识的客观措施有很强的理论及经验基础。项目反应理论就是一个用来支持客观测试的行之有效的技术(IRT;请见 van der Linden & Hambleton, 1997),它是用来判定个人正确应对特定测试项目可能性概率的数学方法。

学习过程则在一定程度上更为复杂。首先,学习中涉及的不仅有认知性因素,还有非认知性因素。动机——学习者投入时间及精力来达到预期结果的兴趣及意愿——涉及了认知性的方面(比如,对一个学习目标的觉悟及确定个人实现目标好坏程度的能力)和非认知性的方面(例如,与主题有关的情绪、学习任务及个人成功的能力）（请见 Keller，2010；Kim & Keller，2010）。形成性评价及学习者反馈在促进有效性学习过程中是十分关键的要素。

正如有些技术用以支持总结性评价，有些技术可以支持形成性评价。此外，当学习任务更加开放，且或多或少结构不完善时（如解决复杂问题），有些技术能向学习者们提供形成性评价及反馈。例如，可以让一个学习者陈述一个关于特定问题场景的问题空间，再将其反应与专家的反应或参考模型相比较（请见 Pirnay-Dummer 等，2010）。应该很明显可以看到评价，尤其是形成性评价，在判定学习者的进步中是极其重要的。而且，对学习成果的评价是课程或项目评价中的一个核心方面。

关于学习的重要区分

关于学习，有几个重要的区分，包括有目的的学习情境及偶发学习情境间的不同。可能用一个故事能最好地生动说明这些区分。

这个故事选自列夫·托尔斯泰的《忏悔录》(1882)，该书基于作者的日记及个人反思完成。《忏悔录》写于 1879 年，托尔斯泰 51 岁之时。当时，托尔斯泰已因其著作《战争与和平》以及《安娜·卡列尼娜》而闻名于世，受人敬重。该书首次用俄文发表于 1882 年。托尔斯泰 1865 年出访法国巴黎，那也是故事发生之时，当时托尔斯泰已名利双收，并享受着成功带来的便利。那时，巴黎被当作世界的知识中心以及文明世界发展进步的展示平台。托尔斯泰也被誉为现代文明社会的指向明灯之一。

托尔斯泰是去巴黎会友、度假的。在巴黎游玩期间，他偶然碰到了一次公众处决。在那时，巴黎对严重罪行采取了断头台绞杀的死刑执行方式，或许是认为人们对刑罚的恐惧能震慑犯罪，行刑过程是公开的。

不管怎么说，托尔斯泰在他的日记中记录了以下这样的文字[大概翻译]："当我看到犯人身首分离，落入不同盒子时，我身体的每个细胞都知道，这是一件坏事。"

这件意外事件是托尔斯泰人生的一个转折点。从其日记中摘取的以下文字可以说明这一点[同样只是大概翻译]："当我看到犯人身首分离，落入不同盒子时，我身体的每个细胞都知道，这是一件坏事。"[有意重复]接着他反思了自己之前关于文明化社会、关于巴黎作为文明社会摇篮、关于从巴黎到世界的文明进展,以及一切一切的信念。他写道,他对文明进程的信念包含了一种信仰,那就是社会是向前发展的,而巴黎正在引领着这一前进的乐章。

然后,他再次提到了公开绞刑:"当我看到犯人身首分离,落入不同盒子时,我身体的每个细胞都知道,这是一件坏事。"[有意重复]他身体的每个细胞都知道——他完全投入了这一时刻。他看到了,他听到了,他思考了。因此,他再也无法坚持之前自己对文明进展、对巴黎是文明社会摇篮这一想法的信念。他再也无法将自己看成文明社会的领袖之一,如果这就是文明社会所代表的。

他对社会进步的信仰破碎了。他彻底改变了自己的生活。他放弃了自己的财产,将所有作品充作公共财产,开始为普通民众撰写短篇道德故事,而非为受良好教育的精英们写作,还开始提倡农民学校的改革。因为偶然目睹了巴黎的一场公众处决,他改变了自己的生活。

那天在巴黎,他学习到了一些东西,这些东西反映在托尔斯泰身上所发生的并在其之后的一生中都处于持续的改变中。这些改变包括他所想所为,从他目睹行刑后的写作及生活方式中都能看到。他所学到的并不在计划之中。他没有被明确地引导向某一方向,也没有计划引导他达到某一目标。我们可以认为他所学习到的是目睹行刑的附带习得。

相比之下,在本书前文中讨论过的教育涉及的是有特定目标的有意学习。值得注意的是,学习者的目标可能并不总是与教学者的目标相一致。正式学习环境往往涉及在学校场景中的有意学习,在这样的环境中,最理想的情况就是学习者目标与教师目标相符。

托尔斯泰学到了什么?[你想起他日记中重复了三次的句子了吗?你认为我为什么重复三次呢?]在不知道更多的情况下,这也许很难说。他学到了,并不是在巴黎的所有社会行为都是好的。他学到了,他无法接受一个文明社会会公然处决罪犯——这反映了一种价值观,根据本书所呈现的框架,价值观是教育以及支持教育的技术应用的基础。他也许学到了更多,也许可以说,这一学习活动是从1865年在巴黎的那一天才开始的。

这个故事提供了一个思考学习的具体方法——学习反映在态度、行为、信念、知识、心智模型、技术等方面稳定而持续的改变。学习可能是有计划的,也可能是无意的。当一个人完全投入时，学习就特别有效。完全投入往往包括感知、认知以及情感。科技在促进主动参与方面可以非常有用。

那记忆呢？很显然，记忆在学习中是一个相关且必不可少的部分。我们来看看事实。我们从记忆中检索视觉形象。认知心理学家常常将文字记忆和图像记忆区分开来（请见 Anderson，1983）。认知科学家也将工作记忆与长期记忆相区分，并证明了工作记忆的明显限制——一次只能记忆七块（上下两块的浮动范围）信息（Miller，1956）。要如何弥补工作记忆的限制呢？一种方式就是讲故事。故事也许代表了在一种单块组块中能容纳更多信息的组块形式。并且，故事也可能以一种与其他文字内容记忆所不同的方式，在长期记忆中编码储存。这种记忆就是情景记忆（Tulving，1983），它可能既有文字，也有图像。

如果接受了这些区别，用故事的形式来达到多重目的就成为可能——用来开发学习的定义，用来解释有意学习及偶发学习间的区别，用来阐述学习中投入的概念，用来解释不同种类的记忆，等等。受众也可能是多样的——心理学课上的学生、教学设计专业的学生、正在学习托尔斯泰的高中学生等。在展示故事时可能使用多媒体文件——托尔斯泰的照片，也可能使用讲述部分故事的音频文件，或用反映公开绞刑的影片来描绘出这样的恐怖，等等。

检验你的理解

以下情况中哪些涉及了学习？为什么？它是如何涉及的？
1. 记忆与特定历史战役相关的数据。
2. 观看记录一个人拆解某一设备的视频。
3. 用欧姆表来测试一个电路中某一点的电阻。
4. 找出如何切割几块木头，从而使其能够用一定模式组合在一起。
5. 用钢琴练习一段特定音乐。
6. 告诉一个学生，某句话是不完整的。
7. 问一个学生，在解决某问题的过程中，为什么要用某一算法。

指出以下哪些是有意学习，哪些是偶发学习，并说明理由及方式：
1. 不小心碰到了一个热炉子。

2. 练习解出不同的二次方程。

3. 将某人的名字与另一个人的名字搞混。

4. 请老师解释自己不理解的事物的基本原理。

5. 探索虚拟现实世界。

6. 建立一个电子档案来说明某人工作。

7. 玩飞行模拟机游戏。

绩效

　　绩效代表的是学习中的结果方面。绩效也可能在各种学习活动及练习中有涉及。一般来说,绩效指的是一个学习者应对问题解决情境、测试项目、挑战活动等可观察的活动。绩效是可观察、可测量的。理想化地说,绩效是与期望的学习结果直接或间接相连的。正如在前面部分所提及的,测试是学习的一个核心方面。除非有前测及后测数据,否则我们就无法自信地说学习已经发生。

　　测量或评估绩效有一个附加的方面——也就是说,绩效的测量结果能帮助学习者及教师培养一种学习进展与问题领域的意识。此外,让学习者们知道什么是所期望的令人满意的绩效,有可能帮助他们确定与接受学习目标,这在正式学习情境中尤为重要。考虑到这方面,有一个原则如下:你测量了什么,就会得到什么(what you measure is what you get, WYMIWYG,读音是 *whim-ee-whig*)。我们已经提过,如果没有对学习绩效的测量结果,教师就不知道学习是否发生。这样的测量结果可以是考试分数、难题解决的结果、对特定调查问题的应对等。另外,学生在许多案例中都可能发挥出预期水平,但很少会有人超过这一水平。原因很简单——学生是理智的,他们还忙于其他课程及活动。很多学生仅仅会做那些期望他们会做的事,然后就继续进行另一个任务、活动或课程。

　　一旦接受WYMIWYG,就得出了两个结论。第一,让学生知道某一单元的教学、课程或项目的具体期望是很重要的。要更好地完成这一点,可以使用包含预期绩效水平的目标学习结果和代表性测试项目或问题(如正确地解出二次方程、正确地识别未知物质),能引导绩效的环境(如在一次闭卷考试中、在无帮助的实验室里等),以及用来测试水平的方式(测量标准)。第二,测试方法(可以是定性的,也可以是定量的)可以且应该用来帮助学生认清更需要注意的问题领域。最有效的绩效测量结果能直接促成绩效的提高。隐瞒测量结果很难帮助学生改进他们的绩效或理解。及时有效的信息反馈在学习过程中是一个至关重要的方面。

有很多技术能帮助测量与评估绩效,这些科技也在不断地变得更复杂而强大。需要记住的一个关键问题是,将要评估的绩效与想要的学习结果相联系。如果想要改进学生解决复杂问题的能力,仅仅测量事实性知识很难达到这一目标。提供大量解决问题的机会以及及时有效的信息反馈,更可能建立学生的信心与竞争力。

发展专业知识

如表 3.1 所示,Dreyfus and Dreyfus(1986)按绩效水平的高低将成为高水平专家的路径分为五个层级。

表 3.1 专业层级(Dreyfus & Dreyfus,1986)

专业等级	特　征
初学者	刚刚开始一个学习过程,没有相关的基本术语和规则的知识
高级初学者	能够遵循基本程序和指导原则,有一定情境意识
有能力者	能够在最少指导和监督的情况下独立操作
熟练者	能够在不同的情境中有技巧地、准确地操作;整体感知问题情境
专家	能够立刻领会问题解决的情境,并轻松找到一个合适的解决方案

与其他学者可能列出专业知识的不同层级相比,它有自己的优势,能帮助大家聚焦在某一教学计划的目标层级上。大体来说,当一个人按照课程大纲或课程安排前进时,可以说他正在或应该正在按着专业性的这几个阶段前进。这些专业等级可以应用于几乎所有教育层级中的具体技能和知识集。例如数学技能,小学生通常在新手级。当他们进入初中、高中后,在特定的数学技能上他们可能进步到了更高的层级。在大学时,通常会有概况课程来引导初学者阶段的学生达到一定的学科水平。然后会有更具体的课程来详细说明概况课程中所覆盖到的主题、期望能帮助学生在化学、环境规划、历史等领域中进阶到高级初学

者或可能是有能力者。到了研究生阶段，我们通常期望学生已具备一定能力，或许在某一领域已达到娴熟水平，某些学习项目还有资格认证考试来证明学生已获得该项能力。

通过正规的学校教育，并不容易获取或达到熟练的程度。要达到 Dreyfus and Dreyfus（1986）所描述的那种熟练，需要大量的实践经验。Ericsson 等（1993）研究过许多不同领域中卓越者的发展路径，并得到一致的结果，要达到能被称之为高度熟练的程度或转为近乎本能反应的专家层级，需要大概十年的刻苦练习。

Dreyfus and Dreyfus（1986）与 Ericsson 等（1993）不同的一点是，前者相信专家的发展在一定程度上是未知的，而后者认为只要有足够的刻苦练习任何人都能成为专家。虽然大家都能表现优越这一点很诱人，但现实情况是，恰当的教育目标更可能达到的等级是进阶初学者、有能力者以及熟练者。

测试你的理解

以下哪些可能是与理解第二次世界大战起因的学习目标相一致的、适当的对绩效的测量？

1. 鉴别出与同盟国和轴心国有关的国家。
2. 说出所涉主要国家的元首。
3. 概述希特勒《我的奋斗》一书的内容。
4. 描述 20 世纪 30 年代与 40 年代欧洲、北美洲及亚洲的经济情况。
5. 说出领导二战中主要军队的将军姓名。
6. 分析欧洲在第一次世界大战后的情况。
7. 描述国际联盟以及它在 20 世纪 30 年代的活动。

一个有代表性的教育技术挑战

一个人口稠密、有丰富自然资源，且国家文化重视教育的亚洲发展中国家通过了一项法律，要求所有的小学和中学教师在接下来的十年内获得四年制大学学位，并通过高要求的国家考试，拿到教师资格证书。目前，所涉 200 万名教师中，大约 10％的教师已有四年制大学学位，另外还有大约 15％的教师有两年制的学位。该国共有 35 所大学，其中 7 所大学以及另一所很大的开放与远程学习大学提供教学学位。该国的通信基础设施情况是，大城市可用互联网，但资费对普通公民来说相对较高。农村地区几乎无法用到互联网。手机在全国得到广泛使用，并且费用并不太昂贵。那所开放与远程学习大学有 35 个地区中心，均设有学生能切实且免费上网的计算机实验室。这一挑战在于，该国要履行它的承诺，在所给期限内，以不容妥协的教育与培训质量，提升教师培训与教学质量。〔要注意，这一问题能通过缩放和修改来匹配许多地区的情况。〕

学习活动

1. 若要达到上述代表性问题的目标，成功的主要障碍是什么？找出并描述出来。
2. 找出并描述哪些主要因素可能成为这一问题情境实施方案的一部分。
3. 指明并描述这些主要因素间的关系。
4. 指出哪些事物可能在实施该方案期间发生改变。
5. 创建一个带注释的概念图，要反映出前面四题答案中所指出的所有事物。
6. 反思你的回答及概念图，再描述你所做的假设，以及实施你所想方案所需的资源。

参考资料

Anderson, J. R. (1983). *The architecture of cognition.* Cambridge, MA: Harvard University Press.

Dreyfus, H., & Dreyfus, S. (1986). *Mind over machine: The power of human intuition and expertise in the era of the computer.* New York: Free Press.

Ericsson, K. A., Krampe, R. T., & Tesch-Römer, C. (1993). The role of deliberate practice in the acquisition of expert performance. *Psychological Review, 100*(3),

363-406.

Keller, J. M. (2010). *Motivational design for learning and performance: The ARCS model approach*. New York: Springer.

Kim, C., & Keller, J. M. (2010). Motivation, volition, and belief change strategies to improve mathematics learning. *Journal of Computer Assisted Learning, 26*, 407-420.

Miller, G. A. (1956). The magical number seven, plus or minus two: Some limits on our capacity for processing information. *Psychologictal Review, 63*(2), 81-97.

Pirnay-Dummer, P., Ifenthaler, D., & Spector, J. M. (2010). Highly integrated model assessment technology and tools. *Educational Technology Research and Development, 58*(1), 3-18.

Tolstoy, L. (1882). *Confession* [Tr. D. Patterson, 1983]. New York: Norton.

Tulving, E. (1983). *Elements of episodic memory*. Oxford, UK: Clarendon Press.

van der Linden, W., & Hambleton, R. K. (Eds.) (1997). *Handbook of modern item response theory*. New York: Springer.

链接

A website focused on John Anderson's ACT-R Theory and the architecture of cognition: www.sciencecentral.com/site/452373.

其他资源

The entire translation of Tolstoy's *Confession* is available online at http://flag.blackened.net/daver/anarchism/tolstoy/confession.html.

The Learning Development Institute is dedicated to human learning and has developed extensive resources freely available to the public. Of particular relevance to this chapter is *The Book of Problems* — see the list of resources for 2002 at www.learndev.org/.

第四章 教学和培训

"教师就是一个声音,鼓励耳朵的聆听、眼睛的反映、手的操作,并且不让转过脸去。"

摘自拉比·斯佩克特的一场布道

教导

上一章讨论了学习和绩效的相关主题。以前,教学被公认为是支持学习和绩效的。此外,上章还提及培训的概念从教育剥离出来,虽然也有人认为两者可能更适合在一起(Gagné & Merrill, 1990)。在这一章,将独立谈论培训和教学,但最好将二者仅仅当作一个硬币的两面。下文将给出一些有助于设计者和教学者决定适当的教学方式、方法和技术的区别。

通常,教学总是和学校学习和正式课程联系在一起(如 K-12 和高等教育),而训练往往和成人追求职业认识或认证的集中学习联系在一起(如制冷专业培训、网络工程师项目、职业运动员等)。这就容易把培训与通过执行重复的任务而发展的技能联系起来,而把教导与发展更普通的知识和复杂的认知技能联系起来。

然而,"教导"和"培训"的通常用法指出了二者不太明显的一个区别。例如,一般在婴儿学习如何使用卫生间时不大听父母提及"如厕训练"。此外,一些学者将他们的研究生课程作为职业培训,尽管这些课程都在高等教育的环境下。再者,大学里为教师进课堂开设的课程一般都被称为教师培训项目。

教师和培训者的行为也有大量明显的重叠。教练和运动专家通常被叫做培训者。这些培训者通常对单个学习者予以密切关注，并据此调整教学方式和方法以适应被观察者的需要。然而在差异化教学和个别化教学中，很多教师也对单个学习者予以密切关注，并调整教学方式和方法以适应个性化需求。培训者通常对受训者有明确的绩效目标，通过频繁的测试确定面向这些目标取得的进展。然而，正如上一章提到的，这对于教师来说也同样存在，这就是形成性评价的概念被非常强调的原因。

最后，当考虑到技术在支持教学和培训中的作用时，很多相同的技术都被提及。例如，基于仿真的环境经常被用于多种培训情境（如飞行训练、医学训练等）；这类环境同样也被设立在面向教学的学术环境中（如经济建模、环境设计等）。互联网技术（如社会网络、电子档案袋、信息仓库等）也被培训和教学课程同时采用。

下文将通过对教学目标、学习者、学习情境和其他决定适当的方式、方法和技术的关键因素的分析，分别对教学和培训加以简要说明。

教学

表 4.1 描述了教师应具备的知识和技能，摘自 IBSTPI。

人们可以在各种地方（如出版物、专业协会网站等）发现教学和培训的相似之处。IBSTPI 的教师能力标准在这个情境下是有相当代表性的。根据 IBSTPI，能力是成功执行一项专业任务或工作职责所需的一组紧密相关的知识、技能和态度（Klein 等，2004）。表 4.1 左列的内容表示能力集——紧密相关的一组能力。这些揭示了教学能力的关键和常用因素分析的集合建立在经验而非推理之上。对应左边的能力集，右列描述了可以用于判定一个人是否已经具备这些能力的支持表现。此外，IBSTPI（Klein 等，2004）建议详细阐述第三层次的能力表述应该适合的情境（如在线教学相对于课堂教学），设想详细阐述一个与教学训练相关的情境（如 K-12、高等教育、职业培训等），尽管 IBSTPI 自己并没有尝试这样一个阐述。

显而易见的是，教学方法和策略群（cluster）在这个教师能力中占据了最大的比例，但这不足为奇。设想一位教师花费最多时间的地方，很有可能就是与这个群相关的活动。

表 4.1 教师能力(引自 www/.ibstpi.org/)

	2003 版 IBSTPI 教师能力
职业基础	有效地交流沟通
	更新和提高自己的专业知识和技能
	遵守既定的道德和法律条文
	建立并保持职业信誉
设计和准备	设计教学方法和材料
	为教学做准备
教学方法和策略	激发和维持学习者的动机和参与度
	展示有效的演讲技能
	展示有效的沟通技能
	展示有效的提问技能
	提供解释和反馈
	促进知识和技能保持
	促进知识和技能迁移
评估和评价	评估学习和绩效
	评价教学效果
管理	管理促进学习和绩效的环境
	通过适当的技术管理教学过程

这些能力有意模糊了教师或培训者的特性,要通过和能力相关的具体活动才能区分教师和培训者。通常对于教学和培训的两个情境,开发的专门的方法和策略可能是不同的。

关于面向儿童的教学,当然有很多发展考虑应该被重视(Piaget,1929;Vygotsky,1978)。这里有桩个案证明了儿童的理解根据他们的发展阶段而不同。当和我的两个孩子一起在维吉尼亚州的蓝岭山脉旅行时,他们一个 6 岁,一个 10 岁,我们偶然发现了一些不同寻常的巨大冰柱。当时已经是晚春时节,但是我们刚好到达一处最近的有冰冻和降雪的海拔高度。我们已经在返回得克萨斯的路上,天气非常暖和。我的孩子们对这些巨大的冰柱非常着迷,小的那个说我们应该带一个冰柱回去。大的那个则说在我们回去之前(两天车程)冰柱可能就化了。小的那个劝说着,说这么大块的冰(长度约一米)可能不会化得那么快,再说天气也冷。我决定抓住这个机会创建一个后续教育时机,就折断了冰柱放入汽车的后备箱。当我们回到圣安东尼奥的家中时,冰柱只剩下三四厘米。小的那个没有彻底想清楚类似水结冰或者融化的温度、得克萨斯的气温、回到得克萨斯需要的时间这类事情的经验或者抽象推理能力。大的孩子则立刻理解了这些事情。

一个好的教师(也适用于一个好的培训者)要能够认识到学习者的不同之处并做适当调整。因为我的小女儿非常想向她的朋友展示冰柱,我们在开车回来的路上多次检查了冰柱。她看到冰柱变得越来越小,但还是对我们到家的时候还能保留一部分抱有希望。我们在长途开车回家之前,专门拍了一张照片,这样她至少能够对她的朋友展示照片。在此情况下,我发现我的儿子比我表现得更像一位好老师,我相信对我女儿来说,经历这些不断缓慢变化的证据,是非常有教育意义的。

培训

就如 IBSTPI 所建议的,培训者所需要的能力与教师所需要的能力高度相似。然而,就如前面提到的,情境是不同的。当在为培训情境设计教育技术解决方案时,培训者和培训设计者需要特别注意两个特别的方面——也就是说,成人学习者在一个特定的学习环境中独特的特点和已经被培训过的任务。接下来就讨论这两个关注点。

成人教育学

Knowles(1984)指出,成人学习者是典型的自主学习,并喜欢为自己的学习负责。这意味着成人学习者在高级的教育情境和培训环境中,倾向于去适应学习任务,想了解为什么开始学习以及学习任务和他们关注点的相关程度。越来越多的在很多其他情境中的青少年和年轻人也一样。有着广泛且各种背景和经验的成人来到一个学习环境,都期望当学习新事物时,之前的一些背景和经验能得到承认并且有用。成人对计划自己的学习轨迹非常有兴趣,并在可能的范围内协商有个性的学习目标。结果是成人更欣赏与他们现实生活相关的真实的解决问题的情境。当然这样的普遍性结论也有一些例外和局限。

儿童的发展阶段和成人不同，但第三章提到的五个专业发展水平与成人普遍相关。有人说成人就是有皱纹的大孩子——皱纹是对自己的强烈感觉，他们渴望控制他们自己的学习，倾向于不在感觉到非相关的、非生产性的任务上浪费时间和努力。

复杂的认知技能

成人培训情境中第二个典型的、突出的方面与被培训的任务相关。培训目标的支配通常具有过程的性质，可能需要决策和解决问题的技能。van Merriënboer(1997)为此类任务的教学设计开发了一个四要素模型(4C/ID)。4C/ID 模型一个主要的特点就是复用性任务和非复用性任务的差异可能就是培训的目标。复用性任务就是需要经常执行的、执行时变化非常少的、不需要关注周边环境变化的任务。复用性任务的一个例子就是更换计算机的内存芯片或者解一个二次方程。这样的任务可以被培训到自动化的水平，学习者不需思考或努力就能学习去执行任务。非复用性任务的执行要根据任务情境的变化而不同。非复用性任务的一个例子就是在一种飞行模式中指引一架飞机在一个机场着陆。空中交通控制者需要考虑被指引飞机、处在着陆模式的其他飞机、飞机降落、机场的地面情况等不同特征。这种任务是学习任务中有代表性的一类，要求有复杂的认知技能。

培训设计者需要认识培训任务的类型并使用适当的方法、策略和技术。对于非复用性的任务，启发式的指导决策形成和问题解决，使用模拟装置给学习者提供各种各样的变化以发展他们所需的能力，这些都是非常有效的。

测试你的理解

下面哪个是非复用性的任务，为什么？
1. 侧方停车。
2. 准备意大利面的酱汁。

3. 排除计算机故障。

4. 为在校孩童设计课堂指南。

5. 确定一套测试的平均分。

6. 查找课文中拼写错误的单词。

7. 用在线百科全书搜索一个词目。

将下列技能依据其对教学的关键性排序，再依据其对教学培训的关键性排序，并和你的同伴、老师讨论你的排序。

- 更新个人的知识和技能
- 建立个人的信誉
- 有效地交流沟通
- 设计适当的教学材料
- 设计适当的教学方法
- 设计适当的教学技术
- 有效地展示信息
- 提供适当的反馈
- 评估学习和绩效
- 有效地管理学习情境

一个有代表性的教育技术挑战

一个之前只为成人学习者——特别是面向在职的学校教师——提供课堂培训的大型教学组织，决定将其全部的课程变成在线课程，主要是为了削减差旅费和降低对学区教学时间的影响。很多受训的教师从未接触过在线课程，学校管理者需要有可靠的、有说服力的证据说明教师学习的相关技能能够促进他们的教学绩效。

学习活动

1. 确认并描述成功实现上文提出的代表性问题的规定目标的关键因素。

2. 确认并描述这个问题情境下可能成为执行计划组成部分的关键因素。
3. 指出和描述被确认的关键因素之间的关系。
4. 指出在执行计划的阶段中哪些事情会出现变化。
5. 创建一张注释性质的概念图来反映上述四题中呈现的事物。
6. 反思你的答案和你的概念图,然后描述你的假设和需要哪些资源来执行你脑海中的解决方案。

参考资料

Gagné, R. M., & Merrill, M. D. (1990). Integrative goals for instructional design. *Educational Technology Research and Development, 38*(1), 23–30.

Klein, J. D., Spector, J. M., Grabowski, B., & de la Teja, I. (2004). *Instructor competencies: Standards for face-to-face, online and blended settings.* Greenwich, CT: Information Age Publishing.

Knowles, M. (1984). *Andragogy in action.* San Francisco: Jossey-Bass.

Piaget, J. (1929). *The child's conception of the world.* New York: Harcourt, Brace, and Jovanovich.

van Merriënboer, J. J. G. (1997). *Training complex cognitive skills: A four-component instructional design model for technical training.* Englewood Cliffs, NJ: Educational Technology Publications.

Vygotsky, L. (1978). *Mind and society: The development of higher mental processes.* Cambridge, MA: Harvard University Press.

链接

The Association for Educational Communications and Technology (AECT) website has extensive resources for instructors and the use of technology to support instruction: www.aect.org.

The American Society for Training and Development (ASTD) website has extensive resources for professional trainers: www.astd.org/.

The International Society for Performance Improvement (ISPI) website has extensive resources pertaining to training and performance improvement: www.ispi.org/.

其他资源

The Association for Psychological Science website with many resources pertaining to various disciplines within psychology, including educational psychology: http://psych.hanover.edu/APS/teaching.html.

ChildStudy.net website with extensive treatment of classic theories of child development: http://child study.net/tutorial.php.

K.H. Grobman's website for resources and links pertaining to developmental psychology: www.devpsy.org/sitemap.html.

第五章 技术对学习、教学和绩效的支持

"技术应该作为学生学习的知识建构工具来支持学习,而不该试图去教导学习者。"

(摘自 David Jonassen 及其同事《1998 技术趋势》)

技术支持的学习和教学

对于技术能够并应该用于支持学习、教学和绩效,有很多不同的观点。首先,非常明确的是有很多不同的技术可以被用来支持各种教育目标和活动。其次,现在可获取的各种工具和技术支持的学习、教学和绩效本身也有很多不同的层面。从一开始就确定唯一一种相关技术并使用单一方法来支持面向一群学习者以应对任何的教育目标,这是非常愚蠢的。事实上,确定哪些技术是相关的和如何实施得最好,是一个复杂且有挑战意义的任务。本章将尝试探究这个普遍任务。

这个探究的开端,是认为很多不同种类的教育活动和任务是可以被支持的,现有的技术对这些活动和任务可能是有用的。上一章对教师和学习者的活动有一些非正式的讨论。教学是支持学习和绩效的这个定义被提出。谁支持教学和绩效?什么活动通常与这样的支持有关?

谁支持教学和绩效

显而易见,是教师和培训者直接支持着学习和绩效。当然,还有其他的相关因素,即教学设计者、培训管理者、媒体和技术专家、评价者以及更多。所有这些

与学习和绩效支持有关的人,都会使用技术让他们的支持更加有效率,让他们的努力有更多成果,并尽可能好地运用他们的时间和专业知识。

表5.1中的角色看起来也许可能与学习、教学和绩效的关系并不密切。在某些情况下,可能确实如此。尽管如此,值得一提的是,也有很多个体支持学校、商业和军事训练等环境的学习、教学和绩效。如果其中的任何人不能有效或充分地执行其工作,就可能对学习和绩效产生负面影响。例如,如果设备是不可用的,一节课可能被错过,也会影响后续的课程。此外,每个角色和代表性的活动都有与之相关的能够支持学习和绩效的技术。很多对教育技术的处理仅仅聚焦于第一种和相关的学习者。有明确的强大的技术支持教师和学习者,同样就有强大的技术支持其他人(表5.1)。最后,认识到很多人都与支持学习、教学和绩效相关,这可能有助于从系统的视角看待教育和培训,对项目成功通常是非常关键的,下章将对此进行论述。

表5.1 学习、绩效的支持者和相关活动

个体角色	代表性活动
教师、培训者、教练	实施课堂教学和活动,展示信息和反馈,管理小测验和考试,报告结果
教学设计者	确定教学需求,设计课堂教学和活动,确定相关的材料和技术,创建教学设计脚本
培训经理	选拔教学设计者和培训开发者并为其提供支持
媒体专家	提出教学目的媒体格式并开发特定的媒体内容
技术专家	提出相关的技术,协助特定技术的使用,提供培训,实施技术在具体情境中的运用
教学开发者	开发具体的教学资料、学课和课程
评估专家	提出相关的评估、协助实施评估并分析评估
评价者	开发和实施课目、课程和项目的评价计划
装备管理员	确保教学装备的正常运行,维护各类技术系统
项目管理者	监督教学系统的运转
设备管理员	确保教学设施的正常运行

注:这张表格强调代表性而非全面性。没有列出学生是考虑到学习者的差异和特性值得开展专题研究。一个个体可能不只局限于一个角色。

被支持的活动

本书在开始,曾提及技术会改变。由于技术在短时期内会改变很大,因此本书不会聚焦于特定的技术。相应地,重点会放在人们可能使用什么技术来改善教学、学习和绩效。表 5.2 描述了引自表 5.1 面向学生的一些活动以及一些被认为可能会发挥作用的代表性的技术。建议组织一个有趣的课堂练习来增加其他的可用技术来扩展这张表格。

表 5.2 教学活动和有代表性的技术

教学活动	代表性技术和工具
实施课堂教学和活动	学习管理系统(LMS),如 Blackboard、Moodle 或 Sakai
创建课堂教学和活动教学的脚本	制作工具,如 Adobe Creative Suite、Articulate 或 DigitalChalk
分派教学设计活动的任务	项目计划软件,如 Microsoft Project、OpenProj 和 Visionera VisionProject
开发面向教学目的的特定媒体内容	制作工具,如 Blender 3d、DreamWeaver、Flash 和 SoftChalk
开发基于计算机或者基于网络的教程	Camtasia、Captivate、Digital Chalk、Jing 以及其他
开发交互模拟	Powersim、Stella、Vensim
开发交互课程	ClassTools.net、QEDOC、Softchalk、博客、维基、社交网站
开发交互游戏	Dark Basic、GameBrix、GameDev.Net、GameMaker、Unity3d,以及其他
支持网络会议	DimDim、Connect、Elluminate、WebEx
协助实施和分析评估	Adit Software、Quizlet.com、Quedoc.net、TheGameCreators.com
开发课程和项目的评估计划	PERT 图和甘特图制作工具(如参见 www.business.com)、项目评估工具(www.sharpbrains.com/resources)
监督教学系统的运转	项目管理工具,例如 Microsoft Project;知识管理系统,例如 SharePoint 或 DocuShare,还有更多

在选择一项支持特定活动的技术时需要考虑很多因素。首先,最重要的是相关个体角色所使用的工具对于计划任务的适用性。某一特定的工具可能对于某一特定任务是最适合的,然而在使用过程中也可能由于各种原因而产生问题。在

考虑工具的性能和功能的时候，要同时考虑要执行的任务和执行任务的关键人员因素。技术的使用者可能是学生、教师、设计者、开发者、管理者以及其他相关人员。

一旦一个或多个相关工具和技术被确定为使用和采用的备选，就要考虑目标学习环境或者教学系统的购置成本、安装启用和维护。这不是一项简单的任务，特别是如果包含开发者和用户的培训，人事部门和技术部门都应参与决策。对很多博物馆和大规模的教育技术项目而言，相关资源是策划阶段的标准化部分（例如参见 Tennyson，1995）。

当选择支持学习和绩效工具和技术时，应该记住学习和绩效的目标，以及可能的用户。应该尝试使用已有的工具，虽然那些对预期使用目的而言可能不是最佳的工具。此外，使用各种各样的技术，要考虑可移植性和便于修改。技术的变化和升级一直很重要。而且，目标用户和主题也会变化。便于修改几乎总是必须的。应对变化。最后，与直接支持学习和绩效相关的材料和活动的创建，应该考虑到要符合法律以及在伦理上考量残疾人士的需求（如听力和视力受损学生；参见 www.w3.org/WAI）。通用设计就是试图这样做的一项尝试（参见 www.udlcenter.org）。

本章的引言包含了一个非常重要的特性。就直接的教学支持而言，设计者或者教师可以计划使用一项技术于教学中，也就是说，用于给学习者呈现信息或者资源。在这样的情况下，学习者可能通过技术的应用来学习，在许多场合这样的应用是适合的（如补充课堂活动、入门课程、指导下的学习活动）。技术的另一个作用是让学习者通过技术的应用参与学习主题，例如交互式仿真。在这类情况下的学习，可以称为学习者直接从技术中学习。一些交互式仿真在一定程度上可以支持假设检验，学习者可以设定一个或者多个变量的值，然后运行仿真系统来观察这个设置的结果（如飞行管理模拟器和系统动力学模拟器）。仿真的另外一个有趣的应用场景是让学习者构建仿真系统缺失的部分，或者识别仿真系统中对导致仿真输出的隐藏部分。使用技术学习与从技术中学习不同。此外，在某些情况下，这两者的合并并非不可想象。

关于学习使用一项特定技术还有另一个特性。导师制通常对用户使用一项新技术能力的发展是非常有效的。如果新技术与之前所用的技术大不相同，且有很多用户需要使用，进行准备评估来判断采用新技术的容易程度以及需要培训的范围,是一个有效的办法。

测试你的理解

下面例子中,哪些是从技术中学习?哪些是使用技术学习?

1. 使用微软 WORD 的帮助功能学习创建交互表格。
2. 与管理飞行模拟器互动确定广告对销售影响的近似延迟。
3. 在计算机上玩蜘蛛纸牌游戏。
4. 使用计算机的飞行模拟器来熟悉飞行和飞机控制的原理。
5. 使用汉诺塔问题的微型互动式模拟确定圆盘数和最少移动的关系(参见 www.mazeworks.com/hanoi)。
6. 使用心智绘图软件描绘小说的情节(http://freemind.sourceforge.net/wiki/index.php/Main_Page)。
7. 创建概念图来显示一组概念之间的关系(参见 http://cmap.ihmc.us)。
8. 使用电子表格计算一组数据的最小值、最大值和平均值。

支持方式

技术提供了不同的支持水平。一些技术只是通过基于一些初始化考虑的各种各样的相关选项来支持用户(例如一个搜索引擎通过提供的关键词给出很多的链接)。另一种技术能解决一个由系统提出的问题(如一个用词频率自动计数器,能找出用户提供的文本中使用最频繁的词语)。

这两个例子大致对应对教学设计者的强技术支持和弱技术支持的区别(Spector 等,1993)。强技术支持是想要完全代替一个之前由人完成的活动。弱技术支持是相关的人的能力、成果或者绩效质量的扩展。举一个强技术支持的例子,美国空军阿姆斯特朗实验室开发了 EAIDA(Experimental Advanced Instructional Design Advisor,高级实验教学设计顾问)系统,在该系统中输入一个相对简单的程序维护任务,访问相关设备的技术描述以及嵌入现有数据库中的维护程序,在短短几分钟内便能生成关于该设备维护的更新或者介绍课程(Spector

等,1993)。举一个弱技术支持的例子,有一个被称为GAIDA(Guided Approach to Instructional Design Advising,教学设计指导咨询)的系统,为教学设计者提供咨询。通常,在技术支持设计者和开发的领域,弱技术支持一般更为有效(Spector & Anderson,2000)。这可能是因为弱技术能激励用户去思考待解决问题的本质。

学习支持也有相似的区别。强技术可以给学生提供问题和解决方案(也可能是对解决方案的解释说明)。强学习技术的代表性案例可以在学者的著作(Sweller & Cooper,1985)中找到。向学生展示一个复杂问题的解决方案(有时是一个解决方案的解释说明),期望能提高学生的问题解决技能。有证据表明,在很多情况下这个策略是有效的,但是对更高级的学习者来说,这个策略有相反的作用(Kalyuga等,2003),可能是因为干扰了高级学习者已经深刻理解和掌握的一些东西。对更多的高级学习者而言,根据认知学徒制(Brown等,1989),恰当的方式就是当学习者获取能力和理解时提供越来越少的支持。在介绍一个复杂的例子之后,他们可以完成一个少部分或多个部分缺失的完成性练习(例如一道代数题的最后一步计算),然后教师可以撤走更多的部分。对大多数的高级学习者而言,他们可以建构一个求解某一特定问题以及同类问题的算法。

技术、教学法和学科知识

Shulman(1986)提出了学科教学知识的概念。从根本上来说,就是教师不仅要掌握学科知识,理解教学法基础,还必须将教学法原理应用到知识体系中以获得最优教学效果。整合教学法知识和学科知识的概念现在已经扩展到包括技术知识在内的领域。对一名教师或者培训者而言,仅仅掌握技术的使用是远远不够的。为了有效地教与学,教师或者培训者必须知道如何与一组学习者一起,最优化地整合技术以达成某一学科领域的教学目标。这个概念就被称为技术、教学法和学科知识(TPACK;参看Mishra & Koehler,2006)。

测试你的理解

下面例子中,哪些是弱技术支持?哪些是强技术支持?

1. 提供一个二次方程的带注解的解题思路,解释得到答案的每一步过程。

2. 提供一场在线的客观题测试,能够根据每个学生的得分自动化分等级并自动记录分数。

3. 和学生组织一个根据剧本扮演不同角色的活动,随后组织一个团队任务报告。

4. 让学生在提交班级作业前,先提交自己的论文到 Turnitin.com(http://turnitin.com/static/index.php)并获取反馈。

5. 让学生观看演示一个人执行一个复杂程序的视频,在播放的同时讲解每一个步骤及相关的要素。

一个有代表性的教育技术挑战

一个大型国际商业公司决定将公司的大多数培训课程传送到每个员工的手持智能手机中,公司已为每个员工购买了手机。很多员工从来没有上过在线课程,更不用说手机端的课程。公司在 23 个国家都有分公司,主要使用的语言是英语、法语、德语、日语和西班牙语。公司管理层想知道哪些课程可以采用这种手机端的方式传送(目标是现有培训课程的 90%,涵盖微软办公自动化软件、库存电子表格管理等课程主题),以及可以采集到哪些能够说明教学效果的数据。

学习活动

1. 确认并描述成功实现上文提出的有代表性问题的规定目标的关键因素。
2. 确认并描述这个问题情境下可能成为执行计划组成部分的关键因素。
3. 指出和描述被确认的关键因素之间的关系。
4. 指出计划执行阶段中哪些因素会出现变化。
5. 创建一张注释性质的概念图来反映上述四题中呈现的事物。
6. 反思你的答案和你的概念图,然后描述你的假设和需要哪些资源来执行你脑海中的解决方案。

参考资料

Brown, J. S., Collins, A., & Duguid, P. (1989). Situated cognition and the culture of learning. *Educational Researcher, 18*, 32–42.

Jonassen, D. H., Carr, C., & Yueh, H-P. (1998). Computers as mindtools for engaging learners in critical thinking. *TechTrends, 43*, 24–32.

Kalyuga, S. Ayres, P., Chandler, P. & Sweller, J. (2003). The expertise reversal effect. *Educational Psychologist, 38*(1), 23–31.

Mishra, P., & Koehler, M. M. (2006). Technological pedagogical content knowledge: A framework for teacher knowledge. *Teacher College Record, 108*(6), 1017–1054.

Shulman, L. S. (1986). Those who understand: Knowledge growth in teaching. *Educational Researcher, 15*(2), 4–14.

Spector, J. M., & Anderson, T. M. (Eds.) (2000). *Integrated and holistic perspectives on learning, instruction and technology: Understanding complexity.* Dordrecht: Kluwer Academic Press.

Spector, J. M., Polson, M. C., & Muraida, D. J. (Eds.) (1993). *Automating instructional design: Concepts and issues.* Englewood Cliffs, NJ: Educational Technology.

Sweller, J., & Cooper, G. A. (1985). The use of worked examples as a substitute for problem solving in learning algebra. *Cognition and Instruction, 2*(1), 59–89.

Tennyson, R. (1995). Instructional systems development: The fourth generation. In Tennyson, R. & Barron, A. (Eds.), *Automating instructional design: Computer-based development and delivery tools,* 33–78.

链接

W3C Web Accessibility Initiative: www.w3.org/WAI.

John Sterman's (MIT Professor) management flight simulators: http://jsterman.scripts.mit.edu.

Management_Flight_Simulators_%28MFS%29.html; see also http://web.mit.edu/jsterman/www/BusDyn2.html.

Strategy dynamics simulators: www.strategydynamics.com/info/aboutus.aspx#.

Towers of Hanoi simulation: www.mazeworks.com/hanoi.

Freemind software: http://freemind.sourceforge.net/wiki/index.php/Main_Page.

National Center on Universal Design for Learning: www.udlcenter.org.

Turnitin.com anti-plagiarism website: http://turnitin.com/static/index.php.

CMAPS concept mapping software: http://cmap.ihmc.us.

The Worked Examples home page: http://workedexamples.org.

ClassTools. net website with templates and tools to create games, quizzes, activities, and tutorials.
QEDOC tools for creating lessons and quizzes: www. qedoc. com.
Quizlet. com tool for creating assessments: http://quizlet. com.

其他资源

Directory of authoring tools: http://c41pt. co. uk/Directory/Tools/instructional. html.
Capterra's directory of courseware authoring tools: www. capterra. com/courseware-software?utm_source = bing&utm_medium = cpc.
Softpedia authoring support tools: www. softpedia. com/get/Authoring-tools.
Instructional design models: www. instructionaldesign. org/models/index. html.
A guide to assessment software on the Web: www. educational-software-directory. net/teacher/assessment.
A guide to game development software: www. gamedev. net.
Game creation resources: www. ambrosine. com/resource. html.

第六章 计划和执行的整合方法

"将教学事件从目标出发,回溯到需求的过程是一种最有效和最广泛采用的技术。"

（摘自 Rober M. Gagné 和 M. David Merrill 发表于《教育技术研究和开发》的论文《关于教学设计的交互目标》,1990）

整合的本质

整合的概念出现在很多不同的情境中。在一些情境中,是指让不同人种或者种族背景的孩子们聚集在同一间教室里；而在另一些情境中,则是指让男孩和女孩聚集在同一间教室里。在上述例子中,都有混合在一起的意思。根据 Merrill 的"教学中的第一原则"（2002；2007）,我们应该将整合的概念更深入地引入到学校和教学的情境中。Merrill 的第五条原则指出,当新的知识整合入学习者的世界或日常生活时,学习会得到提升或强化。在这种情境下,"整合"意味着什么,如何才能实现整合？显然在这里整合不仅仅意味着将新知识与学习者已有的知识或技能简单混合在一起。

判断有效整合的方法之一是证明技能得到了提升。技能得到了多大程度的提升？对一个简单的程序性技能来说,提升意味着能够自觉——学习者能够迅速而准确地执行程序,甚至是在谈论不相关话题的时候。新知识有效整合的另一个标示是能够修改或者调整新知识去满足新问题或者新情境的需求。这类标示（修改知识去解决新问题的能力）与复杂程序和非复用性任务更加相关（van Merriënboer, 1997）。

考虑的重点是在任意情况下的整合都意味着在某种意义上知识是显而易见了。在第一个自觉的案例中,知识成为人的技能集合中的常规部分并且在并无太多关注或思考的情况下被表现出来。在第二种情况下,知识被如此好地开发出来,以至于它的局限性随着它适应新情境需求的调整程度而暴露出来。一个有如此高级别理解力的人立刻就会知道需要作出修改并且给出适当的调整。

绝大部分的教育和培训都达不到 Merrill 提出的整合原则。当然,也不是所有的结果都这么令人吃惊。如果有人考虑到学校中的类似案例,对有效整合的测试意味着那些整合了的就不再需要关注不同的民族、种族、性别、残疾、宗教或者其他作为学校整合基础的个体差异。一言以蔽之,当一件事不再成为焦点就说明得到了很好的整合。这话同样适用于技术对学与教的整合。在一个传统课堂中,我们不会关注粉笔和黑板——它们就在那里并且得到了很好的整合。当计算机和数字投影仪引入的时候,这些技术在一段时间里是关注的焦点,但当在课堂中用过一段时间后,它们不再是关注的焦点,也就可以说是得到了很好的整合。这并不意味着使用一项整合了的技术就一定能对改进学习有用。改进学习还需要更多条件。真正重要的是学习者和教师的注意力从技术(粉笔和黑板或计算机、数字投影仪)转向学习内容,在大部分情况下,这两者是学习发生的前提条件。

系统观

把技术的有效整合作为目标——更确切地说是作为一个支持更有效的学与教的可实现的目标,还是有意义的,这也部分满足了 Merrill 的第五条原则——整合。接着,是什么用来促使和支持有效的技术整合并接着支持特定的知识整合(知识整合是有效学习的一个重要标志)?对这样一个复杂问题不能用一个简单的几句话来回答。然而,形成一种系统观(system perspective)对任何答案应该都是至关重要的。

研究人员发现,人们对包含很多互动因素的复杂情境进行推理时会出现困难,特别是这些因素之间还有非线性的关系和延迟影响(Dörner, 1996; Sterman, 1994)。这意味着人们通常很难对系统做出很好的推理。一个系统是一组相互关联和互动因素的相关集合,因素中有一些是具体的而有一些是抽象的,由此组成一个有意义的整体。一个系统是有边界的,虽然这种边界未必总有明确的界定。一个明显的例子就是太阳系。其主要组成部分是不同的行星及其卫星。行星的轨道也可以被认为是系统的组成部分,这意味着一个组成部分的持续行为也是系统的一部分。这个行为(在这里是行星的轨道)的本质受到太阳以及其他行星和卫星的影响。在我们的太阳系中有很多滞后的影响。一个太阳耀斑总会对行星地球产生可观的影响,如破坏电网和无线电通信等。一个复杂系统各个因素之间的动力关系可以用如下例子来观察:地球的潮汐受到地球的卫星月亮的位置和相位的影响。

让我们把教育系统考虑为另一种类型的复杂系统。在教育系统中有很多相互作用的因素,比如学生、教师、管理者、教辅人员、装备、信息化系统、学区官员、家长、社区经费及支持、考试、报告、州政府和联邦政府的要求以及其他种种。这些因素以很多复杂的方式相互关联。这些因素中的一部分关系是非线性的。例如,考试成绩的变化会影响来自社区、州、联邦的支持力度;如果考试分数跌过一个特定阈值,州或联邦对一所努力运营的学校的支持可能会同时消失而不是继续增加。

在一些情况下,这些因素中的一个因素对其他因素的影响产生了变化,其效果可能会立刻起作用;但在另一些情况下,其效果可能是滞后的。如果一所学校没有逐年进步,家长们可能就会把他们的孩子送到别的学校或者干脆搬到另外一个学区去住。

当引入一项新技术时,人们总会倾向于相信它会立刻见效并效果显著。然而,事实是作用于教和学的教育技术的效果通常都是滞后的。其原因包括教师和学生需要时间去学习如何有效使用一项新技术(例如让一项新技术成为他们日常学习和教学活动的有机组成部分)。

系统观就是要不仅仅简单考虑所有这些相互关联的因素和方面。系统观是动态并综合地思考问题。各个因素随着时间都会变化。学生的结构随时都在变化。有特殊需求的学生的数量和类型可能短期内就会变化,需要系统做出很多调整。诸如动机和已有知识这样的个体学习者的特点也在变化。

系统观的一个方面就是系统地去思考问题。例如,当引入一项创新技术时,我们必须考虑接受的过程、培训的过程、维护和管理的过程,以及对效果的评价、对系统中其他因素的影响，来开发出适当的技术方案并实施。在规划中充分综合思考是系统思维的标志。

系统观的第二个方面是要思考系统中存在的动态关系。当引入一项新技术时，有些人可能会有被威胁感或对自己使用技术的能力感到焦虑。技术可能改变一些个人的岗位角色和任务。对系统内另一个因素的需求可能会增加或者减弱。当一种新技术被引进时，中断原本的服务并过渡到这种新技术时可能会存在挑战。系统思维的标志就是引入新技术时能制订弹性的计划并预见到其产生的动态影响。

测试你的理解

本书的很多学习活动要求学习者识别和描述一个问题情境中的关键因素和它们之间不同的关系。这样的练习设计能够提升系统性和（或）系统思维吗？为什么？怎样？你认为这个方法有效吗？

一个有代表性的教育技术挑战

有很多学习和内容管理系统可以用来支持教学。有些是商业系统，如Blackboard 和 Saba；有些是开源系统，如 Moodle 和 Sakai。你所在的组织有大量的教学和训练活动，主要面向成人学习者。你已经使用了一个昂贵的商业系统。上级管理者要求你提供一个从商业系统转为开源系统的解决方案。你的方案应当包括需求、费用、推广要点以及可能达到的效果。

学习活动

1. 确认并描述成功实现上文提出的代表性问题的规定目标的关键因素。
2. 确认并描述这个问题情境下可能成为执行计划组成部分的关键因素。
3. 指出和描述被确认的关键因素之间的关系。
4. 指出计划执行阶段中哪些因素会出现变化。

5. 创建一张注释性质的概念图来反映上述四题中呈现的事物。

6. 反思你的答案和你的概念图,然后描述你的假设和需要哪些资源来执行你脑海中的解决方案。

参考资料

Dörner, D. (1996). *The logic of failure: Why things go wrong and what we can do to make them right* (R. Kimber & R. Kimber, Translators). New York: Metropolitan Books.

Gagné, R. M., & Merrill, M. D. (1990). Integrative goals for instructional design. *Educational Technology Research and Development*, 38(1), 23–30.

Merrill, M. D. (2002). First principles of instruction. *Educational Technology Research and Development*, 50(3), 43–59.

Merrill, M. D. (2007). The future of instructional design: The proper study of instructional design. In R. A. Reiser & J. V. Dempsey (Eds.), *Trends and issues in instructional design and technology* (2nd ed., pp. 336–341). Upper Saddle River, NJ: Pearson Education, Inc.

Sterman, J. D. (1994). Learning in and about complex systems. *System Dynamics Review*, 10(2–3), 291–330.

van Merriënboer, J. J. G. (1997). *Training complex cognitive skills: A four-component instructional design model for technical training*. Englewood Cliffs, NJ: Educational Technology Publications.

链接

Gagné & Merrill's "Integrative Goals for Instructional Design": see www.ibstpi.org/Products/pdf/chapter_5.pdf.

其他资源

Directory of authoring tools: http://c41pt.co.uk/Directory/Tools/instructional.html.

Education Northwest website for instructional planning and design: see http://educationnorthwest.org/taxonomy/term/204.

MIT system dynamics in education guide: see http://ocw.mit.edu/courses/sloan-school-of-management/15-988-system-dynamics-self-study-fall-1998-spring-1999/readings/part8.pdf.

第二部分

理论观点与应用实例

第七章 人类发展理论

"在人类社会中一切有价值的东西都有赖于符合个体发展的机会。"

(爱因斯坦于1933年离开德国时)

与技术的变革一样,人类也在不断变化。然而,人参与的变革与机器的变革是有很大不同的。技术在发展,由于人类的原因,新的技术被不断引入。人类创造并改变技术。人参与的变化要复杂很多。一个人自然而然地就在不断变化。随着婴儿变成儿童并再发育为成人,生理上的变化可能是最显著的。那些生理上发生的变化与其他人变化的成功与否没关系。当然,人成长的结果可以被许多因素培育或阻碍,比如饮食、锻炼、接触其他事物,等等。

人类在心理上也是发展的,就此意义而言,在发展的特定阶段上,某些事情不能被简单地理解。正如皮亚杰(Piaget, 1929, 1970)指出,非常小的孩子不会理解一定量的物体(比如一个容器的水),不会随着空间安排的改变而改变(比如把水倒入一个不同形状的容器中)。语言和经验显然在心理发育中有着重要作用(Newman & Newman, 2007)。

而且,人类是随着社会发展的,何况社会发展中可能比生理发展和心理发展有更多的变量。

在浏览人类发展的不同理论之前,我们要依次提出两个观点。首先,上文提到的生理的和心理的变化可能被认为是宏变化(macro-change),这是因为他们一般意义上应用于所有人类并适用于生命特定阶段的人类的绝大部分方面。而且,这些发展的不同阶段是相对容易确定的。然而,人类还有很多微变化(micro-change),是针对个人且很难鉴别。例如,一个人可能经历了听力的丧失或者失去一个影响很多先前选择的特定的成见。人的发展过程中的宏变化和微变化都对学习和教学有着影响。然而,为了简要起见,生理发展就从这部分的人的发展讨论中省略了。很清楚的是,荷尔蒙和其他生理因素影响学习和发展,但这样讨论会把我们带离教育技术基础的核心概念。

其次,人有改变自己的能力。并不是所有人的发展都能被预先安排或被外部环境决定。人做出选择和决策,这些选择和决策可能影响人的发展。例如,玛利亚·居里注意到不寻常的电磁活动与沥青铀矿有关。她怀疑电磁活动与铀射线的某些现象很相似并确定去寻找原因。在几位物理学同行和她丈夫皮埃尔·居里的帮助下,她用了数年时间集中调查并发现了两个新的放射性元素(钋和镭)。这里的要点是,因为她决定去研究导致她发展了对沥青铀矿这种物质非常深刻的理解,这是一种在世界很多地方都能发现的矿脉,现在被用来提炼铀。在任何一个领域的探究和努力,我们可以举例说明人的发展水平,从绝对的初学者到进阶初学者,到有竞争力的实施者,到高手级别的实施者,直至直觉级别的专家(Dreyfus & Dreyfus, 1986)。

基于对生理的、心理的、社会的和自我导向的发展的这些观点,我们简要回顾了人的发展的一些著名理论。理解这些人的发展理论的观点的关键是更有效地利用技术去改进不同环境下不同学习者的学习和教学。这些理论指出了学习者之间的区别,这些区别表明要有对学习适当的支持。还有个人之间的差异(比如已有知识和经验、学习风格、性别、文化等)也需要在策划和实施对学习的支持时考虑到。

认知发展理论(皮亚杰)

认知发展理论是这样一种学说:随着人的发育,他或她自然地就成长到认知发展的不同阶段。理论工作者绝大部分把这个理论与 Piaget 联系起来,他是研究儿童认知结构的瑞士遗传学家。Piaget(1929,1970)提出了认知发展的四个主要阶段:(a)感知运动阶段,在这个阶段运动控制开始发展,认识到自我是与其他客体不同的(大约从出生到 2 岁);(b)前运算阶段,在这个阶段客体被识别并通过语言的运用而和符号联系起来(大概 3—7 岁);(c)具体运算阶段,在这个阶段能理解对客体与事件进行逻辑思维的能力和对话的概念(大概 7—11 岁);

(d)形式运算阶段,包括了对抽象事物的逻辑思考能力和提出假设的能力(大概11岁以上)。

Piaget 的基本观点是,随着人的成熟,他或她以不同的方式适应世界。两个基本的适应方式是同化和顺应。同化包括获取意识到的内容,创造内部表征并与事先存在的表征相关联;同化过程意味着,体验到的内容被内部表征化解/调和以符合已经存在的内在结构。顺应的发生是内部结构必须被改变或创立以解释新的经验。

同化与顺应是互补的过程并经常同时发生,根据 Festinger(1957)的观点,顺应过程与认知不协调有关。Festinger 认为,通常情况下人们会试图避免冲突的行为与意见。当一个场合出现,带来这么一种冲突,个体总会特地拒绝或修改一方或双方的意见,以避免不协调。

在 Quine 和 Ullian(1978)的《信念的网络》(*The Web of Belief*)一书中可以找到相关的观点,这是自然主义认识论中的里程碑式的工作——这也是 Piaget 所在的领域。Quine 和 Ullian(1978)认为,一个人自然地在一个或多个信念中求一致。当新的经验出现并且似乎引入一种不一致性时,就会有微小的调节来实现新经验的内部表征,使之与已有经验的表征协调起来。当这种调节变得太大时,已有内部结构就必须被重构,这类似 Kuhn(1962)的范式转换理论。在自然主义认识论境脉下与顺应、认知不协调和范式转换等相关的概念在 Wittgenstein(1922)的《逻辑哲学论》(*Tractatus Logico-Philosophicus*)一书中都有涉及,即世界是整体性地消长。当 Wittgenstein 在此书中说,一个人根据经验创造了内部表征(比如,我们给我们自己描绘事实,该书第 2.1 节),他认识到这些内部表征不是与其他内部表征无关或不受它们影响的孤立实体。

一个人不会以一种不连续的、一时一事的方式来处理知觉和信念。相反,一个人总是逐渐发展出内部心智的结构,这意味着在学习经验中几乎始终包含着多元信念。搞清楚怎样才能支持已有的信念和心智结构来让学习的效果最佳,是教师们和设计者们的一个持续挑战,因为这些信念和结构在不同人之间的差异可能是非常戏剧性的。

最后一点与认知发展理论有关的是关于内部心智结构的观点,不同的认知科学家对此有不同的看法。Johnson-Laird(1983)认为,心智模型是人类推理和认知发展的基础。当需要从已经很好建立并被自动激发（通常没有有意识的思考）的内部结构中去解释一种不同寻常的现象或困境时，就可能分辨出新创建出来的内部表征。有人把前面短时的结构叫做心智模型（mental models），而后面建立起来的结构叫做图式（schema）。心智模型如果在相似环境下经常被创建则可能被转换成图式。心智模型转换成图式的过程，意味着对在执行重复的任务时能产生自动性，这经常是培训项目的一个特定结果要求。把一个图式转换或分解成容易改变的心智模型组合类似于忘却的过程，这对教师和施训者有着特殊的挑战。通常更加困难的是，帮助学习者忘却已经自动生成的一个过程或一组复杂信念，而不是帮助学习者在第一现场获得知识（例如参见 https://lila.pz.harvard.edu/pdfs/Unlearning_insightv2010.pdf）。

认知社会中介理论（维果茨基）

认知发展理论的重点主要是针对个体的。当认知发展的研究者认识到个体以外的事物的影响时，研究重点放在了确定个体成长的标志和判断认知发展的不同阶段。然而，很显然的是儿童们受到他们的同伴、老师和家长的影响。更有甚者，很多学习都是在语言的中介下发生的。这种发现导致研究者拓展了关注的重点，把个体认知发展所发生的社会和文化境脉也包括了进来。认知社会中介理论的一般前提是个体发展在很大程度上受制于一个人所置身的社会文化境脉（参见 www.funderstanding.com/content/vygotsky-and-social-cognition）。

很清楚的是，就儿童发展而言，家长、老师和其他儿童提供了很多或是绝大多数与学习有关经验的境脉。

一个在农场这样的农村地区成长起来的儿童会有与大城市环境成长起来的儿童很不同的经验。我还记得我六七岁时父母带着我去附近的一个大城市购物的经历。百货商店里有自动扶梯。我以前从不知道还存在这样的东西。我只好询问它是怎么工作的以及为什么会有这样的东西。20世纪50年代美国小镇上的儿童的词汇表里是不会有"自动扶梯"（escalator）这个单词的。类似地，我们可以设想，不管儿童成长在怎样的境脉中，总有一些与此境脉相关的东西是这个儿童熟悉的，而还有很多是这个儿童所不熟悉的。

在语言中引入一个人已有经验之外的某物，不太可能很有意义，除非这种语言与此人可以关联的某些真实经验是相伴的。这个讨论随即把我们带回到语言在学习中所扮演的基本角色。语言起到了中介经验的作用。

早期认识到这一点的心理学家是 Lev Vygotsky(1896—1934)，他的工作直到他去世几十年后才在俄罗斯以外被人们广泛知晓(Vygotsky，1962，1978)。为了强调社会和文化互动的重要作用，Vygotsky 为认知发展贡献了另外两个重要的思想。首先，是更有知识的他人(more knowledgeable other-MKO)，比如在个体发展中扮演批判角色的家长、老师或另一个更有经验的儿童。一个儿童在内化一种思想之前，该思想是被更有知识的他人呈现在一个社会境脉中的。其次，一个儿童理解一个概念或独立实施一项任务的能力(标志着对相关概念的内化和个体的认知发展)，与儿童在更有知识的他人帮助下理解和实施的能力，这两者之间的距离被叫做最近发展区(the zone of proximal development-ZPD)。这对教育技术学者和教师的意义在于，他们应该聚焦在最近发展区，因为这是学习的过程最可能发生的区域。对个体认知发展理论的这些拓展虽然有很多变种，但被广泛认可。

心理社会发展理论(埃里克森)

Erik Erikson(1902—1994)是丹麦-德国-美国三裔心理分析学家，他对同一性(identity)发展的研究特别有兴趣。Erikson(1959，1968)对一个人一生中分布的八个发展阶段提出了假设(见表 7.1)。其基本观点是在每个阶段中，都有形成一个人的同一性的代表性关键点。

Erikson 受到弗洛伊德心理学的影响，而且部分是通过弗洛伊德的女儿安娜。在其核心观点中可以看到弗洛伊德的影响，即一个人的同一性和个性是分阶段发展的。自我和个人同一性在 Erikson 的发展理论中扮演着中心角色；个体对不同发展阶段的内在冲突的回应的方法很大程度上决定了一个人的同一性。Erikson 贡献的一个持续方面是把认知发展理论从青春期拓展到了成人早期、成人和老年阶段。那些包括针对成人的设计与实施学习环境的问题都应该好好思考 Erikson 的理论。对所有的发展理论持有者而言，一个结论是并非所

表 7.1　Erikson 社会心理发展的八阶段

发展阶段	社会心理危机原型	年龄范围/描述
婴儿期	希望：信任对不信任	0—1.5 岁，从出生到走路时期
幼年	意愿：自主对羞耻/怀疑	1—3 岁，如厕训练、习语时期
童年早期	目的：主动对内疚	3—6 岁，学前、学习阅读时期
童年中期	能力：勤奋对自卑	5—12 岁，学龄初期
青春期	忠诚：自我认同对角色混乱	9—18 岁，青春期、青少年时期
成人早期	爱情：亲密对疏离	18—40 岁，约会、生育时期
成人中期	关怀：再生力对停滞	30—65 岁，为人父母、中年时期
成人晚期	智慧：自我实现对失望	50 岁以上，老年时期

有学习者都是一样的。很多区别是由于处在不同发展阶段，不管哪个发展理论都能指导我们的工作。而且，在发展阶段引起的个体差异之外，还有其他个体差异是教育技术工作者和教学设计者要关注的，我们会在本书第三部分再讨论这些。

测试你的理解

下面哪句话一般说来是正确的？

1. 一些个体差异是人在发展的特定阶段的结果。
2. 语言和思想是独立发展的。
3. 特定的学习任务对处在认知发展早期的个体而言，实际上是不可能的。
4. 心智模型是可以被直接观察到的发展标识。
5. 更有知识的他人和最近发展区两个概念是紧密联系的。
6. 发展理论学者从事描述性研究——是描述个体发展的事实而不是个体应该怎样发展。

一个有代表性的教育技术挑战

一个希望帮助在国内的外国工作者的政府部门要求你所在的机构为受雇于工商界的工作者的家庭开发一个第二语言课程。这些家庭中包括配偶、孩子，还有部分老人。他们来自不同的国家并说着不同的语言。政府部门希望这些语言课程是在线的并且对这些家庭是免费的。你被要求做一个需求评估和培训要求的分析，并提出会影响随后课程设计的关键因素的报告。

学习活动

1. 确认并描述上文提出问题的需求评估和培训要求分析中的关键因素。
2. 确认并描述这个问题情境下可能成为执行计划组成部分的关键因素。
3. 指出和描述被确认的关键因素之间的关系。
4. 指出在执行计划的阶段中哪些事情会出现变化。
5. 创建一张注释性质的概念图来反映上述四题中呈现的事物。
6. 反思你的答案和你的概念图，然后描述你的假设和需要哪些资源来执行你心中的解决方案。

参考资料

Dreyfus, H., & Dreyfus, S. (1986). *Mind over machine: The power of human intuition and expertise in the era of the computer.* New York: Free Press.

Erikson, E. H. (1959). *Identity and the life cycle.* New York: International Universities Press.

Erikson, E. H. (1968). *Identity, youth and crisis.* New York: Norton.

Festinger, L. (1957). *A theory of cognitive dissonance.* New York: Wiley.

Johnson-Laird, P. N. (1983). *Mental models: Towards cognitive science of language, inference and consciousness.* Cambridge, UK: Cambridge University Press.

Kuhn, T. S. (1962). *The structure of scientific revolutions.* Chicago, IL: University of Chicago Press.

Newman, B. M., & Newman, P. B. (2007). *Theories of human development*. Mahwah, NJ: Erlbaum.

Piaget, J. (1929). *The child's conception of the world*. New York: Harcourt, Brace Jovanovich.

Piaget, J. (1970). *The science of education and the psychology of the child*. New York: Grossman.

Quine, W. V. O., & Ullian, J. S. (1978). *The web of belief* (2nd ed.). New York: Random House.

Vygotsky, L. S. (1962). *Thought and language*. Cambridge, MA: MIT Press.

Vygotsky, L. S. (1978). *Mind in society*. Cambridge, MA: Harvard University Press.

Wittgenstein, L. (1922). *Tractatus logico-philosophicus* [Tr. C. K. Ogden]. London: Routledge & Kegan Paul.

链接

Explorations in Learning and Instruction: The Theory into Practice Database (TIP), created by Greg Kearsley: see http://tip.psychology.org/.

David Perkins on Unlearning: https://lila.pz.harvard.edu/pdfs/Unlearning_Insightv2010.pdf.

Funderstanding.com website on Lev Vygotsky and Social Cognition: see www.funderstanding.com/content/vygotsky-and-social-cognition.

Learning Theories site on Vygotsky: www.learning-theories.com/vygotskys-social-learning-theory.html.

其他资源

George Mason University website with online resources for developmental psychology: http://classweb.gmu.edu/awinsler/ordp/index.html.

Lone Star College site with links to anatomy and physiology tutorials: http://nhscience.lonestar.edu/biol/tutoria.html.

NCREL (North Central Regional Educational Laboratory) on Theories of Child Development and Learning: www.ncrel.org/sdrs/areas/issues/students/earlycld/ea7lk18.htm.

Resources for Human Development: www.rhd.org/Home.aspx.

第八章 学习和绩效的理论

"今天一个孩子在帮助下能做的事情,他就能在明天自己完成。"

(列夫·维果茨基的《社会中的心理》,身后出版于美国,1978)

关于学习的理论试图说明人是如何学习的,包括其中应有的机制和过程。学习理论提供一个关于学习的不同方面的描述的总和,包括类似学习和记忆的速度、记忆的界限、学习的障碍等事情。

有很多与学习理论有关的教育观点,诸如行为主义、认知主义、建构主义、联结主义以及其他诸多理论(Bransford 等,2000)。这些对学习的观点本身并不成为一个学习理论,因为它们在一个更高的层次上;然而,特定的学习理论与这些观点是相关的,下文将讨论这些问题。

首先,让我们来看看何为理论。是什么组成了一个学习理论,这对许多讨论和争辩是非常重要的,带来的结果是学习和绩效的理论对不同学者而言其分类非常不同。在本章中,我们采用一种较为温和的方式,来简要描述与不同学习理论相关的一些不同观点。然后我们简短描述一些著名的学习理论。我们不试图去综合或深入探讨与学习理论有关的许多问题。如果要阅读对学习理论更加综合的表述,请参见 Driscoll(2005)、Rickey 等(2011)或者 Schunk(2007)。

是什么形成了一个理论?

单词"理论"有很多用法并且发生在许多不同的境脉中。谈到学习理论,这个单词在大多数情况下是用在一个科学境脉中而不是非正式的境脉中,在后者中"理论"可能大致上同义于"推测"(supposition)。在科学中,我们开发一个理论是用来解释一系列与特定的不寻常的或某种程度上令人困惑的现象有关的事实和观测结果。理论在事先被认为是正确的,并用来生成一系列可供检验的假设;而在很多情况下,特定的假设被验证并集中起来形成一个理论。不论何种情况,理论都可以用来生成可供检验的假设,解释已经发生的事件,并预测未来的事件。在科学中,一个被接受的理论也可能偶然与观测结果发生冲突,必须被修正或放弃。图 8.1 描述了观测、假设与理论之间的一般关系。

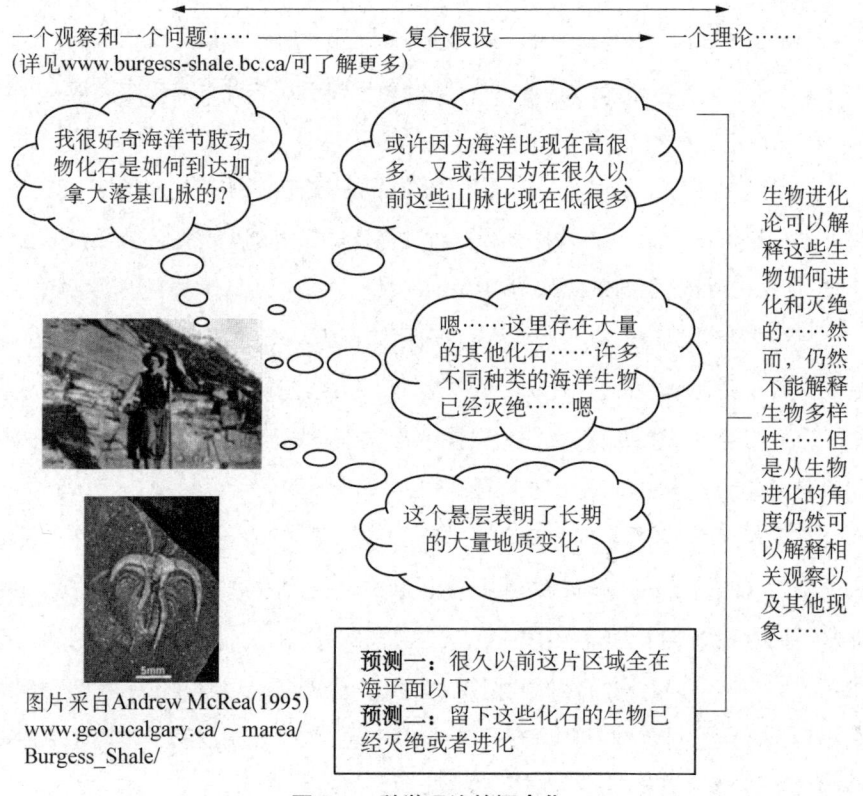

一个观察和一个问题……　　复合假设　　　　　一个理论……
(详见www.burgess-shale.bc.ca/可了解更多)

我很好奇海洋节肢动物化石是如何到达加拿大落基山脉的?

或许因为海洋比现在高很多,又或许因为在很久以前这些山脉比现在低很多

嗯……这里存在大量的其他化石……许多不同种类的海洋生物已经灭绝……嗯

这个悬层表明了长期的大量地质变化

预测一:很久以前这片区域全在海平面以下
预测二:留下这些化石的生物已经灭绝或者进化

生物进化论可以解释这些生物如何进化和灭绝的……然而,仍然不能解释生物多样性……但是从生物进化的角度仍然可以解释相关观察以及其他现象……

图片采自Andrew McRea(1995)
www.geo.ucalgary.ca/~marea/Burgess_Shale/

图 8.1　科学理论的概念化

在科学中,一个理论一般被认为是一系列已经被大家接受的论述和原则,可以用来解释一组事实或一个范围内观测到的现象,并生成假设。通常的用法会认为"理论"是指一个事先未经证实的断言(claim),但从科学的观点看,在这种场合下用"假设"(hypothesis)或"推测"似乎更合适。科学家用单词"理论"(比如在"进化论"或"相对论"这样的短语中)指一系列已经被大家接受的论述和原则,

用来解释一组事实或一个范围内的观测到的现象。科学家对解释各种观测到的事实很有兴趣，比如生物种群持续数代和长时间的基因变化。图8.1的案例表示了进化理论，包括了两个主要过程——自然选择和遗传偏移或突变（后者在图8.1中被间接提到）。进化论生物学家可以解释大量被观测到的事实并预测那些尚未被观测到的现象。

更深入的不同是，科学断言，包括科学理论，是屈从于反驳的；就是说，科学家做出一个断言或维护一个理论，本质上是希望这个断言或者这个理论被证实是错的。希望且准备被证错，使科学的进步成为可能（Popper，1963，1972）。库恩（1962）等人认为科学理论是非常不愿意变化的，科学家对一个长期存在或被大家接受的理论也并不像Popper所说的那样愿意包容反驳。

观点

理论总是在更大和更综合的某些事物的境脉之下提出来的。这里所说的某些事物可以是一个传统的研究范式或对世界的权威看法（比如牛顿力学），也可能包含着价值（比如自由）和观念（比如认识论）。就学习理论而言，有关的观念包括了行为主义、认知主义、建构主义、批判理论以及人本主义。人们可以发现其他影响特定学习理论的观念，但上述这些可能是介入最频繁的学习观念。

行为主义

行为主义是最专注于可直接观测到的用来解释学习的事物的一种观点。直接观测到的并且被认为对学习最相关的是学习者环境中的即时事物，并且在时间和空间上与所研究的学习最相关——即学习的刺激条件。学习者对刺激的回应也是能被直接观测到的。刺激—回应的顺序是显然反复迭代的并给教师、施训者、教练或者父母等两个不同的介入机会：(a)操控刺激的条件；(b)通过反应后的强化刺激来鼓励所希望的反应。Watson（1913）是提出这种观点的早期行为主义提倡者。还有很多人诋毁行为主义是非人性化的，而且行为主义现在也不再是一种主流观点。然而行为主义仍然有一些值得称道。首先，它确实为观察人类行为提供了一种科学和系统的基础。第二，它之所以失败主要是因为它没有考虑对很多人类行为所必须的心智活动的解释（比如语言学习）。第三，行为主义的一个现代变种正从神经科学中产生出来，这个用来解释一些人类行为的理论包括在大脑神经网络中大量的突触(synaptic)强化。可以想见的是,突触行为可以被映射,并出现基于所观测的突触关联而开发的反应预报器。不管怎么说,行为主义都为我们理解人类学习作出了巨大贡献,人们可以认为它被修正并被纳入了其他观点而非被彻底取代。

认知主义

认知主义从心理学中发展出来是由于行为主义被证明不足以充分解释人类的学习,特别是在语言学习方面(Chomsky, 1967)。在很多情况下,根据刺激条件,很难解释一些人的行为或是在学习者的环境中能观察到的其他事。为了解释人类的某些行为,心理学家们开始关注行为主义者所认为的无法观测的黑箱——心智。这类似一个简单的例子,就是思考一个人对所见之物的报告。如果给出足够时间,一个观察者可以对一个人视野内的大部分事物做记录。当询问一个人看到了什么时,不是所有直接观察到的东西都会被提及。人们会报告观察到的主要内容的不同侧面,而且某些报告可能是错误的。观念的偏差和选择性在法律系统中被广泛认识,这是确认目击者陈述的一个难题。为什么不同的人在同一情况下会报告出不同的事情? 一个认知方面的解释可能会提到预期(expectation)和对视觉信息的处理过程。这些概念(预期和处理过程)不能被直接观察到;而且,他们是用来解释被直接观察到的事物的假设性实体(在本例中就是人们对自己所见之物的报告)。在这里,有太多认知主义的分支可以拿来讨论。有关学习的认知主义观点可以参见 Anderson(1996)和卡内基梅隆大学的 ACT-R 网站(http://act-r.psy.cmu/edu/)。对认知主义的合理设想是将其视为对行为主义的巨大拓展,把只能间接观察到的东西也包括到对学习的研究中。

建构主义

建构主义是自然主义认识论的观点,描述了人们是怎样开始知道和理解这个世界的。说它是自然主义的是因为其焦点是描述(describe)在理解的发展中发生了什么,而不是推断(deduce)什么必然发生,或根据不同的先验假设建议(advocate)什么应该发生。其基本观点是,个体积极构建内部表征以解释他们的经验。在某种意义上,建构主义可以被视为认知主义的一个拓展,表现在那些只能间接观察到的事物被用来解释学习和知识。在这里,间接观察到的东西是内部表征,是在需要解释一个情况、回应一个困境、说明不寻常的现象或是在新情况发生时预测结果等时候被创建的。建构主义观点是,人们自然地创造了这些内部表征,学习者会积极创造内部表征而不会顾及教师的行为。然而,在推动对复杂事物或新现象的理解时,不是所有的内部表征具有平等的创造力。而且,这个过程的中介是语言,并在大部分情况下依靠已有的经验,因为一个人建构的内部表征总是建立在其已有的内在结构上,而知识和经验都被认为是累积的。作为一个认识论观点,建构主义得到广泛的接受。如果要得到更多成熟的建构主义观点的信息,请参见 Johnson-Laird(1983)。

批判理论

批判理论作为哲学观点起源于德国,强调的是人类的自由和解放,反对的是试图压迫个人的观点和实践;不幸的是,有太多的压迫观点由于巧妙的口号伪装了本意而没有被人们认识到(Horkheimer & Adorno, 1972)。在广义上,批判理论是指挑战任何对已被接受的实践的观点,这些实践是指那些冲击和影响被剥夺了人性者和被压迫者的实践。Dewey(1916)和 Habermas(1971)是两位广为人知的哲学家,并经常被人与批判理论和教育的意义相关联。参考第二章的图2.1(描绘了学习和教学类别层次的金字塔),我们可以说批判理论和人本主义(接下来讨论)是关注了那个金字塔的最高成分,即价值。

人本主义

人本主义是一个关注个人价值和人的自由的观点。在一定程度上,人本主义与其他观点并不可比,因为其拥护者主要关心对个体优先和个体需求的讨论,很类似于批判理论优先讨论的是个体免受压迫的自由。当在学习和教学的境脉中考虑个体需求,有关动机和意志的问题就成为第一线的问题(Kim & Keller, 2010)。很多有人本主义取向的学习理论者和研究者提到 Maslow(1943)的需求层次理论,其中有生理层次的(比如食物和水)和安全的(比如居所和健康)需求在最底层,而且必须先实现,然后诸如归属、尊重、自我实现等高级需求才能被有意义地涉及。自我实现与低层次需求不同,它不像其他层次的需求是被特定的缺乏所驱动的。当然,自我实现随着一个人的成熟而发展并重新定义了这个人自己。

一个关于学习的理论[1]

学习在一个人的所知和所能之中包含着稳定而持续的变化。不论在结构化的还是在非结构化的环境中,在一个人的生命全程中,学习一直在发生。学习经常是偶然的,当一个人进入一项并不直接针对学习的活动中时会发生学习。学习有时候是有意图和有目标导向的。一个关于学习的理论是要解释人是如何学习并进而了解这个世界的。因此,这个理论关注的是可以解释和预测所谓学习的大部分过程。学习理论并不说明怎样设计教学或使学习环境生效,但它们有助于提供一个构思教学和设计实践框架以支撑学习和教学的方法。我们也可以预期一个学习理论也会被认为在很多案例中并没有发生。

学习理论的一个早期例子可以追溯到柏拉图的对话录。在他的中期对话《美诺篇》和《裴多篇》中,柏拉图认为,灵魂是不朽的并且存在于永恒。因此,灵魂知晓万物——对知晓的定义涉及不变的自然真实的永恒真理的知识。然而,生命诞生包含着一个把灵魂放入新身体的创伤过程;这个创伤是如此严重以至于灵魂忘记自己多年习得的东西。因此,一个人开始认知的过程,就是回忆起灵魂本来知道但却忘记了的东西。在柏拉图的这个理论中,学习是一个回忆的过程。有一个含义是教学就成了一个唤起记忆的过程。虽然柏拉图的理论在很多方面一直是受到质疑的,但它说明了一个关于学习理论的本质。首先,它是建立在一个更大观念的基础上的——在柏拉图这个例子中,更大的观念包括了不朽的灵魂。其次,一个学习理论涉及对能学习的内容进行特性描述——在柏拉图理论中,学习是要知道永恒的真理。第三,它要提供一系列导致学习的核心过程——对柏拉图而言,其过程就是回忆。最后,一个关于学习的理论一定对教学和指导具有意义——对柏拉图而言,教师是一个回忆提醒者(reminder)——是一个唤起他人(可能是教师自己)的人。下面我们简要描述一下五个现代学习理论。

操作性条件反射理论(斯金纳)

Skinner(1954)的贡献是操作性条件反射理论,这是一个行为主义学习理论。在这个理论中,学习被定义为是对明显行为的改变。这个转变中的关键过程就是强化;一个强化物(reinforcer)被设计出来本质上是为了强化刺激条件与所需回应之间的关联。关于操作性的说法是一个个体用一个有特定结果的行动对环境进行操作。强化物被设计出来鼓励所需的结果。操作性条件还意味着一些临床治疗、课堂管理技术、程序化教学和动物训练。操作性条件反射所包含的一个主要原理是，对学习者提供及时和有信息的反馈是非常重要的，这是大部分现代教学的奠基石。

社会学习理论（班杜拉）

Bandura(1977,1986)的社会学习理论建立在维果茨基工作的基础上，强调人们通过诸如观察、模仿和建模等过程而相互学习。社会学习理论可以被视作在行为主义和认知主义之间建立的一座桥梁。它某种程度上植根于行为主义，因为它强调可观察的过程，比如观察某个对所学内容进行建模或证明的人。因为学习者所处的情境非常重要，所以这个理论与下面讨论的情境认知理论有关系。

情境认知理论（莱夫）

Lave(1988)的情境认知理论的重点放在学习的无意识和情境的方面。当许多发生在结构化的课堂环境中的学习所关注的是概念和陈述性学习时，大量的学习发生在包括了人们的行动和表现的日常活动中。在这类学习中的相关过程是合法的边缘参与(legitimate peripheral participation)，包括了一个学习者从仅仅观察的立场（比如学徒）成为其他人指导下的练习者。对人在日常情境下是如何了解事物的自然描述促使教学设计者在有目的的学习环境中去创立类似日常的环境。最强有力的以情境学习为基础的教学设计理论是认知学徒理论(Brwon等,1989)，其中早期学习者得到很多学习支持（脚手架），而高级学习者得到更多自由的探索和策划他们解决方案的空间。

体验学习理论（科尔布）

体验学习理论是一个学习的四阶段循环理论，本质上是具有某些行为主义特性的认知理论(很多认知理论都是这样的)。其基本观点是学习植根于经验——学习包含着通过内部过程,把一个经验转换成能指导未来行动的积极的知识(Kolb,1984)。正如哲学上的经验主义者所坚持的,一个关于知识的理论的起点必然是经验,Kolb 也是这样认为的。首先出现的是经验。接着学习者自然地对该经验进行观察和反思。根据观察和反映过程所过滤并理解的状况,学习者随后会形成概念,或是规则。最后,学习者在新情境中试验这种新的理解。按体验学习理论,这四个步骤作为自然学习过程的组成部分都是自然发生并且无需额外施加影响。然而,这四个步骤也可能得到教师和训练者或好或坏的支持。

认知负荷理论(斯威勒)

认知负荷理论虽然也建立在行为主义原则的基础上,却很好地存在于认知信息加工的观点之中。其基本观点是人类的认知架构有特定的性质和局限,造成了在某些情境下学习可能发生或可能不发生的原因(Sweller,1988)。一个很重要的局限是短时记忆;一个人在任何给定的时间其短时记忆中大概只能容纳七件事情(Miller,1956)。然而似乎专家能在短时记忆中容纳更多的东西。我们怎么来说明专家和新手之间很明显的不同呢?而且,我们怎么来说明不同学习者所面对的界面可用性和学习环境的不同?本质上,认知负荷理论的目的是为了提供这类解释。首先,在短时记忆的局限以外,认知负荷的不同类型也很重要,内部负荷是指问题或情境本身所固有的不能通过外力进行任何显著修改的。其次,外部认知负荷是指在情境境脉下发生的并且可能被减少或最小化的。第三,关联认知负荷是把学习者导向到问题情境的关键特性并允许忽略部分因素。专家已经发展出了忽视几乎所有外部负荷因素并在没有帮助的情况下聚焦在情境的关键特性上。他们与新手一样有短时记忆的局限,但他们已经掌握了管理一些事物进入短期记忆的能力。教学设计方面的意义很清楚:(a)在教学情境中把外部负荷最小化("如果还存在疑虑就忽略");(b)帮助新学习者聚焦在关键因素上并且不造成新的外部负担("如果存在疑虑就点明")。

测试你的理解

在练习中(见下图),把 A 列的项目与最接近的 B 列的项目对应起来(A 列每个项目可以对应 0—4 个 B 列的项目)。

学习理论配套练习

	A 列	B 列
a.	行为主义	是一个学习理论
b.	认知主义	是一种哲学视角
c.	建构主义	是一个辩证理论
d.	操作性条件反射理论	涉及心理压力
e.	认知负荷理论	认为学习者建构内部表征
f.	社会学习理论	主张人类不同于动物
g.	体验学习理论	是一个周期性的学习理论
h.	情境认知理论	假设观察到的即重要的
i.	批判理论	推测内部表征是存在的
j.	人本主义	与认知学徒制相关
k.		强调及时、有益的反馈
l.		涉及强化过程
m.		是行为主义者的观点

一个有代表性的教育技术挑战

作为一名教育技术专家,你被邀请参加一所学校的一个家长联谊会,这所学校最近刚给学生介绍了很多创新技术。一大笔纳税人的钱被用来彻底更新学校的技术架构,接着用来获得并利用大量基于新技术的学习资料和教学系统。在这些新资料中,有一个系列的基于模拟的游戏环境,比如众所周知的 SIMs。这些游戏都是高互动性的并且允许学生操控大约 6 个变量以获得需要的结果,比如在一场选举中把成人的数量最大化。这些新技术在这所学校中已经存在两年了,但毕业率、辍学率、出勤率乃至国家和州的统考成绩却没有明显变化。家长们忧虑他们的投入被浪费了。你被要求来验证情况是否如此以及为什么。

学习活动

1. 确认并描述你在解决上述问题时所组织的答案的关键因素。
2. 确认并描述在家长、教师、管理者和设计者之间可能引起争论的关键因素。
3. 指出并描述你确认的关键因素之间的关系。
4. 指出为了获得这个问题情境的最佳答案,哪些是需要变革的目标。
5. 创建一张有注释的概念图,反映关于前面四题的各个事物。
6. 反思你的回答和你的概念图,描述你做出的假设和执行你心目中的解决方案所需要的资源。

注释

1. 这里重点指人类的学习。一个通用的学习理论可以适用所有有感知的生物,但这并不是本书要涉及的问题。

参考资料

Anderson, J. R. (1996). A simple theory of complex cognition. *American Psychologist,* 51, 355–365.
Bandura, A. (1977). *Social learning theory.* New York: General Learning Press.
Bandura, A. (1986). *Social foundations of thought and action.* Englewood Cliffs, NJ: Prentice-Hall.
Bransford, J. D., Brown, A. L., & Cocking, R. R. (Eds.) (2000). *How people learn: Brain, mind, experience, and school.* Washington, DC: National Academy Press.
Brown, J. S., Collins, A., & Duguid, S. (1989). Situated cognition and the culture of learning. *Educational Researcher,* 18(1), 32–42.

Chomsky, N. (1967). A review of B. F. Skinner's *Verbal Behavior*. In L. A. Jakobits & S. M. Murray (Eds.), *Readings in the psychology of language* (pp. 142 – 143). Englewood Cliffs, NJ: Prentice-Hall.

Dewey, J. (1916). *Democracy and education: An introduction to the philosophy of education.* New York: Macmillan.

Driscoll, M. P. (2005). *Psychology of learning for instruction* (3rd ed.). New York: Allyn & Bacon.

Habermas, J. (1971). *Knowledge and human interest.* Boston, MA: Beacon Press.

Horkheimer, H., & Adorno, T. W. (1972). *Dialectic of enlightenment.* New York: Seabury.

Johnson-Laird, P. N. (1983). *Mental models: Towards a cognitive science of language, inference, and consciousness.* Cambridge, UK: Cambridge University Press.

Kim, C., & Keller, J. M. (2010). Motivation, volition and belief change strategies to improve mathematics learning. *Journal of Computer Assisted Learning, 26*, 407 – 420.

Kolb, D. A. (1984). *Experiential learning: Experience as the source of learning and development.* Englewood Cliffs, NJ: Prentice-Hall.

Kuhn, T. S. (1962). *The structure of scientific revolutions.* Chicago, IL: University of Chicago Press.

Lave, J. (1988). *Cognition in practice: Mind, mathematics and culture in everyday life.* Cambridge, UK: Cambridge University Press.

Maslow, A. H. (1943). A theory of human motivation. *Psychological Review, 50*(4), 370 – 396.

Miller, G. A. (1956). The magic number seven, plus or minus two: Some limits on our capacity for processing information. *Psychological Review, 63*(2), 81 – 97.

Popper, K. (1963). *Conjectures and refutations: The growth of scientific knowledge.* London: Routledge.

Popper, K. (1972). *Objective knowledge: An evolutionary approach.* Oxford, UK: Clarendon Press.

Richey, R. C., Klein, J. D., & Tracey, M. W. (2011). *The instructional design knowledge base: Theory, research and practice.* New York: Routledge.

Schunk, D. H. (2007). *Learning theories: An educational perspective* (5th ed.). New York: Prentice Hall.

Skinner, B. F. (1954). The science of learning and the art of teaching. *Harvard Educational Review, 24*(2), 86 – 97.

Sweller, J. (1988). Cognitive load during problem solving: Effects on learning. *Cognitive Science, 12*, 257 – 285.

Watson, J. (1913). Psychology as a behaviorist views it. *Psychological Review, 20*, 158 – 177.

链接

The ACT-R website at Carnegie Mellon University: http://act-r.psy.cmu.edu/.
Learning Theories website on Bandura's social learning theory: see www.learning-theories.com/social-learning-theory-bandura.html.

其他资源

The Burgess Shale Geoscience Foundation Site: see www.burgess-shale.bc.ca/.
John Dewey's *Democracy and Education* (now in the public domain): see http://en.wikisource.org/wiki/Democracy_and_Education.
Learning Theories Site: www.learning-theories.com/.
The Mental Models and Reasoning Lab at Princeton University: see http://mentalmodels.princeton.edu/.
Nova Southeastern University's Collection of Learning Theory Resources: see www.nova.edu/~burmeist/learning_theory.html.
Stanford Encyclopedia of Philosophy on Critical Theory: see http://plato.stanford.edu/entries/critical-theory/.

第九章 信息与通信理论

"当我使用一个单词时,"矮胖子用非常轻蔑的口吻说,"它的意思不多不少就是我要它该有的意思。"(出自 Lewis Carrol 的《爱丽丝漫游奇境》)

在许多教育技术相关的论文和报告中,"信息通信技术"一词是常见的。"信息"和"通信"两个词以这种方式同时出现是非常有趣的,尤其是因为它们本身就有着些许不同的理论基础。显然当我们交流时这两个词是相关的,这种情况常常发生在教育的环境下,我们通常打算去交流一些内容,往往这就是信息。接下来,首先综合考虑两者对教育技术与教学设计的影响并对此作出评论,然后再分别讨论。

信息与通信理论

什么是信息?

图 9.1 描绘了我们熟悉的关于数据、信息、知识、智慧之间的等级关系图。细想每一代计算机,在第二次世界大战期间和刚结束时创造第一代可编程计算机的目的是数据处理。这些早期计算器本质上就是非常大的计算器,比以前的计算机执行速度更快更准确。机器语言被用于编程,这种程序可以收集、分析大数据,并形成报告。早期的计算机应用是在军事领域;正如 ENIAC(电子数字积分计算机),它诞生于二战时期,是设计出来用于计算火炮弹道。ENIAC 中的数据代表目标定位的坐标,是用 0、1 编码的。20 世纪 50 年代,计算机也应用于商业领域,晶体管代替了之前所使用的真空管。与此同时,引入了高级语言,如 COBOL 和 FORTRAN,进而计算机在商业领域开始广泛应用。这标志着计算

机变成了信息处理器,这种信息处理器盛行于第三代微型计算机,而第三代微型计算机则采用了更小的集成电路并且引进了微型计算机。这些发展使得商家用第三代计算机处理结构化数据成了可能,即可以用于管理库存、薪酬发放以及其他许多日常业务。从处理信息的计算机的角度看,得出一定的信息可能就类似于从公司销售额和工资支出的比例中所得出的一些分析。

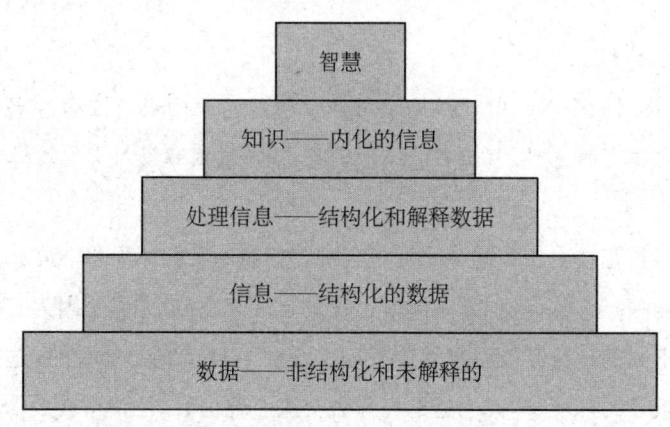

```
                    智慧
              知识——内化的信息
         处理信息——结构化和解释数据
            信息——结构化的数据
          数据——非结构化和未解释的
```

图 9.1　数据、信息、知识与智慧

计算机仍然向前发展,第四代计算机通常是指20世纪70年代的更小更强大的微处理器(大规模集成电路)和20世纪80年代的个人电脑。这些机器使得成千上万的用户都可以进行数据处理,并且这些用户都可以通过强大的计算机网络连接起来。第五代计算机正在计划中,旨在通过一系列人工智能技术实现从信息处理到知识处理的转变。然而在知识处理方面已有所进展,对开放式处理和自然语言序列(如在日常对话中发生)的挑战仍然是难题。在此方面肯定会继续取得进展,但是我们只想知道是否会向智慧型机器处理器转变(因为人类只是零星地展示智慧,这可能是机器所遥不可及的)。

从这些讨论中可以得到什么?快速回顾每一代电脑,希望这样会有一个历史境脉并以此加深我们对第五代计算机和将来计算机的认识。Douglas Engelbart——计算机界的发明家,鼠标和分时技术的发明者——在20世纪60年代初就推测计算机电路将持续变得更小并拥有更强大的速度。Engelbart 的假设是1965年 Intel 公司的联合创始人 Gordon Moore 提出的一个公式,由此公式推测集成电路上晶体管的数量每两年会翻一番。这个公式就是今天著名的摩尔定律,现在摩尔定律已经从推测电路上的晶体管数量成为计算机的普遍规律——每两年计算机都会变得更小、更快、更强大(Meindl,2003)。

图 9.1 描述了未处理的信息和处理过的信息或已解释的信息之间的区别。计算机对这两种信息之间的区别与人对这两种信息的区别是类似的。信息作为结构化数据为人所用,但是人们必须找到并且解释那些信息。认知科学家受计算机处理器模型的启发开发了人类思维模式,然而不同的人对相同信息的理解会存在显著差异。对于人类信息处理器,解释和使用信息是尤为重要的。

信息论

传统的信息处理理论建立在应用数学的基础上,作为一种解释和预测信号处理局限性的方法。换句话说,信息论和通讯理论之间存在一种历史性的联系。Claude Shannon 凭借他对通信的数学原理的掌握而被誉为信息论的创始人。信息传输模型中的一些关键概念都是 Shannon 和 Weaver 提出的,这些关键概念包括:(a)信息,(b)不确定性,(c)信息熵,(d)冗余信息,(e)噪声。从关注信息(message)通过电子信号传输的 Shannon 和 Weaver 的观点看,"信息"是选择信息过程中衡量选择自由度的一种尺度。由于信息是用来在某种情况下消除不确定性的,因此传输信息通常需要更多、更详细的信息(information)。信息熵指的是在特定情况下的无序性或者随机性;信息熵越大,不确定性也就越大,随之就会需要更详尽的信息。在一则信息中冗余信息并不增加其信息量,但在处理噪声或信号干扰问题时非常重要。换句话说,除了信息之外,意图和解释在通信系统中也起重要作用。

Shannon 和 Weaver 的信息传输模型主要包括信源、编码器、信道、解码器、接收器。噪声主要影响传输过程,但是也会影响编码和解码过程。Shannon 和 Weaver 的信息传输模型的目的是通过消除不确定性同时提高通信质量来有效利用信息。信息论的发展是为了达成一个目标——使用最有效的方式使得所需信息以最小的损失到达目的地。因为学生获得的信息的处理方式差异有可能较大,教学设计者和教师就想给形形色色的学生提供信息,因此教学设计者和教师对上述目标产生了浓厚的兴趣。简而言之,对信息的设计者而言,表征的效率是主要考虑因素,因为涉及远超出信号处理领域的广泛应用。

通信和通信理论

什么是通信？

通常意义的通信是简单的信息共享。然而,鉴于人创造了经验的内部表征,因此将通信看作远不只是把信息从一个地方传递到另一个地方是十分重要的。如果考虑名词的"通信"(communication)和动词的"通信"(communicating)之间的细微差别,那么就会发现它们在重点上的显著差异。名词通信通常是指信息的静态表达,例如一个消息、一封信又或是一段电话交谈的录音或记忆。另一方面,动词通信通常是指一些人把对某事的理解传递给另一些人的动态过程。在通信是动词的情况下,不同人理解消息的方式对于一个通信是否顺利是息息相关的且非常重要。当信息被准确无误(不多不少)地传达时,才能称之为一次成功的通信(然而信息被传达得多或少都是很难界定的)。

通信理论

沟通是一个人的基本技能,正如人类在遥远的古代一样,在现代的人类社会中不同形式的沟通仍然无处不在。莫戈隆人和得克萨斯州的威克水槽留下的3000余幅岩石画就代表了象形文字交流的古老形式,这可能与宗教仪式有关。古代有文字记录或文字雕刻的历史可追溯到几千年前,《伊利亚特》(相传为荷马所做的古希腊史诗)产生于公元前800年左右;古老的希伯来文字产生于公元前1000年左右;印度吠陀经产生于公元前1500年左右;而埃及金字塔文字则要追溯到公元前3100年。讲故事和人类语言想必要追溯到更早了。简而言之,语言的运用是人类历史和人类生活中的一部分。

随着学习理论的发展,现有多种视角去看待传播理论。包括机械视角(例如一个简单的发送—接收模型)、心理学视角(例如关注理解和感觉)、社会建构主义的视角(关注建立内部表征和解释)、系统论的视角(例如关注 Shannon 和 Weaver 所建议的总处理能力和效率)、批判的视角(例如有点类似于我们在前一章讨论的批判理论视角)。

鉴于可以用多种视角和不同的情境去看待传播，所以对于传播理论很难有统一的定论（在 Em Griffin 的网站上罗列了一系列复杂的传播理论，详见：http://www.afirstlook.com/main.cfm/book）。然而，有个普遍说法被大多数理论学家接受，即 Scudder 的普遍沟通定律（参见 Robert T. Crag 在 1999 年发表的论文 Communication Theory as a Field；或者参见 http://en.wikipedia.org/wiki/Communication_theory），此定律表明了所有生物都是通过声音、反应、身体交流、动作、手势、语言及其他方式进行交流的。既然所有生物都可以交流，那么我们人类之间的交流总是有效的吗？答案是几乎不。一个有趣的课堂活动一般都伴随着错误的沟通。

所谓的传播理论是真正的传播模型，也是 Shannon 和 Weaver 的信息理论。然而，随着他们的理论验证了模型中的相关要素、关系、操作流程措施，预测和解释各种现象，因此他们的理论具有了传统科学的意义。随后又建立了更加完善的模型，模型中有许多已经确定的要素、关系、流程，但是未能系统地产生可检验的假设。这些传播模型仍然与教育技术专家和教学设计者相关，因为他们也涉及媒体和表征的主要方面，而这些恰好对有效学习和教学至关重要（http://pegasus.cc.ucf.edu/~rbrokaw/commtheory.html）。

传播模型
新闻业模型

Lasswell 模型（1948）是那些想要了解传播的新闻工作者的起点。Lasswell 认为相关要素可以这样表达："**谁**通过什么样的**渠道**向**谁**说**什么**并伴随着什么**影响**。"换而言之，相关的要素是指信源，是指信息本身，是指目的地，是指媒介或媒体，也是指预期结果（贝里奥〔Berlo〕，1960）。有些研究已经在用这些要素来确定它们对彼此产生的影响以及在学习和教学的情境中想得到的预期结果。

这样一个模型可以使我们了解教学开发中的信息设计方面。信息设计者将内容、观众、传递消息的途径、预期目标或结果、相关开发和实施成本考虑在内（Fleming & Levie，1993）。对教学设计者而言，这些都是重要的问题，信息设计作为一个微观层面的活动（专注于教学单元的特定部分）与更宏观的决策紧密交织在一起,包含了多媒体和相关的事项,例如视觉素养、表达的交替形式和支持那些有特殊需要的学习者(如听力和视力受损者、第二语言学习者)。(Lohr,2007)

建构论模型

一个建构论模型的传播是建立在资源-信息-通道-接收器的行为主义模型之上的,和随后对这个模型的认知拓展,由此强调:(a)资源、信息、渠道和接收器之间紧密并动态的联系;(b)鉴于人的本质是有意义的创造者(通过内部表征),这四个要素并不是完全独立的。换句话说,建构论模型的传播倾向于把传播作为一个受语言、文化以及个别要素影响的整体过程。重点是活跃的传送器将一个带发送信息的外部表征传递给接收者,而接收者将积极构建内部表征,将其作为解释过程的一部分。图 9.2 是建构论模型的传播实例,改编自 Foulger(2004)生态模型。

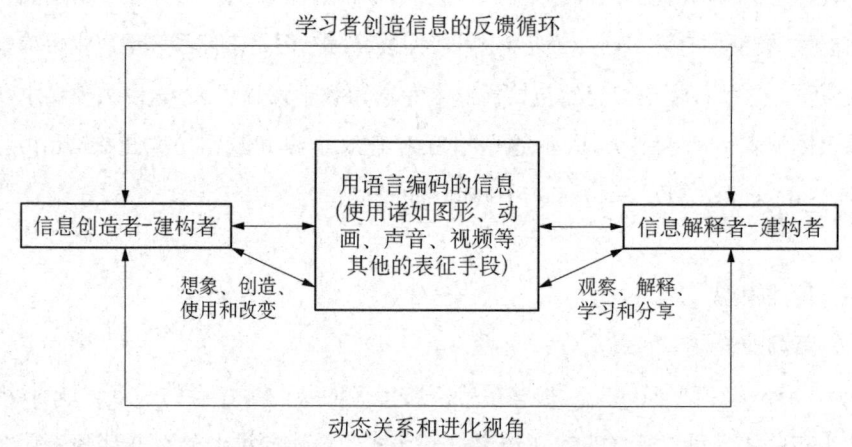

图 9.2 一个传播的建构主义模型

在本章末尾的资源部分提供了许多传播模型和传播理论的链接。这里所讨论的只是该领域丰硕研究成果中非常小的一部分。

传播模型和理论的观点和标准

人们可以通过一系列方法搜集传播模型和理论(例如:www.ic.arizona.edu/~comm300/mary/general/perspectives.html)。表 9.1 表示了几种类型的

传播模型之间的典型关系及其背后的观点和模型的使用。显然在任何给定的情况下,不止一个通信模型的各个方面都可能是相关的。

表9.1 传播模式、观点及应用

	实用的 新闻记者	科学的 行为主义者	科学的 认知主义者	人本主义的 建构论者
目标	指导实践	建立普遍原理	产生可信的信息	指导解释
应用案例	指导事实;陈述	确定高效的沟通手段	设计有效的信息	设计学习环境
认识论	常识	客观真理	公认的真理	意义建构
研究	最佳实践	实验研究	混合方式	人类学研究
评价	实践共同体协议	解释和预测的能力	理解有效的沟通	理解复杂现象
学者	拉斯韦尔(1948)	贝里奥(1960)	库什曼、怀廷(1972)	福尔杰(2004)

对教育技术的意义

在应用方面,值得一提的是国际培训、绩效、教学标准委员会发现专门从事教学设计和培训管理的人员都将传播(communication,也可译为沟通)技能视为他们日常工作中最重要的技能。当你审视教育技术在众多领域的应用时(如K－12、高等教育、商业、政府等),你就会得知传播以多种形式参与应用。

举个例子,一个教学设计者通常需要和项目赞助商、管理者进行交流和沟通;这就需要用一个商业导向的风格和语气去沟通交流。当开发一个学习环境或培训系统时,他们也需要与课程内容专家沟通;这就要求他们要全面了解相关领域的知识和专业术语。一个教学设计者还需要与技术专家沟通学习环境或培训系统的各个方面;这就要求能用这些专家所熟悉的方式与他们交流。一个教学设计者可能还需要负责信息设计方面;这就要理解各种媒体的支持并考虑在许多情况下的人为因素。鉴于多媒体和互联网的流行,可视化解说与沟通的整合能力越来越重要(例如,参见 Tufte,1997)。

教师和教授的沟通要求可能会产生相似的评论。他们像其他专业一样,和各种不同背景和文化的人进行沟通。然而,沟通的效率将很有可能直接影响他们的工作质量。

表9.2是一个矩阵表格,包含传播的情境(一对一或一对多)、格式(电子或非电子)、时间(同步或异步)、例子以及教学应用。我们能够很清楚地看到,传播工具方面以及传播技术方面等其他维度是可以加入这个表中的。正如许多例子一样,其中只包含一个人之间的传播或在极少数人之间只涉及传播的某一个特性,"一个人之间的"和"极少数人之间的"被视为一种情况。一个人和他自己传播也是可能的,我们称之为"一对一(one-to-no-one)",但是这些情况都被省略了。很明确,其他维度是有可能的,比如传播是否是双向的,多媒体是否介入,是

表9.2 传播矩阵

境脉	格式	时序	例子	教学应用
一/少→一/少	电子	同步 异步	电话,在线聊天 电子邮件、文本信息、推特	与学生直接对话
	非电子	同步 异步	喝咖啡聊天 信、明信片	个别辅导单元 有反馈的家庭作业
一/少→多	电子	同步 异步	网络研讨会、博客、视频会议 在线问答页面、网络播客	入门教程 资源或信息的支持
	非电子	同步 异步	课堂宣讲	预习复习基础信息
多→一/少	电子	同步 异步	电子投票 在线调查、维基	确定学生的准备状况 确定学生的偏好
	非电子	同步 异步	焦点小组讨论	形成共识
多→多	电子	同步 异步	在线投票、小组会议 在线论坛、小组会议	形成并批判新思想的头脑风暴单元 合作开发一个人工制品
	非电子	同步 异步	市政厅会议、示威游行	集体学习活动

否同时使用多重情境、格式、时间模型等等；在一些情况下这些维度是相当重要的。一些例子可能出现在其他的类目当中。只有极少数的教学应用被建议，虽然其他显然也是可能的。在例子一栏中没有涉及具体的工具和技术，因为新工具不停地出现。学生和指导老师被要求填写表格的空白以及对增加其他指导用途和具体工具提出建议。建议有很多。

Web2.0引入了很多工具和技术来支持社会网络，也找到了自己进入学习和教学领域的路径。博客、维基、社会网络的网站等现在都能为那些愿意创造充分沟通学习环境的学生和教师所用。

测试你的理解

简单回答下列问题：

1. 在Berlo的S-M-C-R模型中的这几个字母代表什么意思？
2. 指出根据Lasswell原则在收集一个情境的事实时应该问出的常规问题中的四个。
3. 说出一个理由，表明一个人可能想与一个综合实体沟通，而不是与零碎局部的集合沟通。
4. 说出一个理由，解释为什么沟通可以被视作一个动态行为而不是一组静态事件。
5. 描述出在你的日常工作中需要对沟通进行理解的两个行为。

一个有代表性的教育技术挑战

作为一个有经验的信息设计者，你被要求支持一个学校的家长委员会的会议，这个学校最近刚为学生引入了很多创新性的技术。一大笔纳税人的钱被用来彻底更新学校的技术基础架构，然后获得并部署了很多基于新技术的学习资料和教学系统。在新资料中有一系列的仿真游戏环境，比如广为人知的SIM系列。这些游戏是高互动的，允许学生操控大约6个变量以获得想得到的结果，比如让参加投票的成人数量达到最大。新的学习技术在学校中部署两年多了，但对毕业率、辍学率、出勤率以及州和国家考试成绩没有产生显著影响。家长们担心他们的投入被浪费了。你被要求在一张白纸上写出图文并茂的说明去支持校长,他要在会议上对教育技术的投入做出辩护。

学习活动

1. 确定并描述回应上述问题情境时你会考虑的关键因素。
2. 确定并描述与家长沟通时看上去会有效的关键因素。
3. 确定并描述已经确定的那些关键因素之间的关系。
4. 指出为了在这个问题情境中得到最佳论证,应该考虑怎样的视觉支持。
5. 创建一个带注释的概念图,让其反映出以上四个任务中所提及的指标。

参考资料

Berlo, D. K. (1960). *The process of communication: An introduction to the theory and practice.* New York: Holt, Rinehart & Winston.

Craig, R. T. (1999). Communication theory as a field. *Communication Theory, 9*, 119-161.

Cushman, D., & Whiting, G. C. (1972). An approach to communication theory: Toward consensus on rules. *Journal of Communication, 22*, 217-238.

Fleming, M., & Levie, W. H. (Eds.) (1993). *Instructional message design: Principles from the behavioral and cognitive sciences* (2nd ed.). Englewood Cliffs, NJ: Educational Technology Publications.

Foulger, D. (2004). An ecological model of the communication process. Retrieved on February 25, 2011 from http://davis.foulger.info/papers/ecologicalModelOfCommun-ication.htm.

Lasswell, H. (1948). The structure and function of communication in society. In L. Bryson (Ed.), *The communication of ideas* (pp. 203-243). New York: Harper and Row.

Lohr, L. (2007). *Creating visuals for learning and performance: Lessons in visual literacy* (2nd ed.). Cleveland, OH: Prentice-Hall.

Meindl, J. D. (2003). Beyond Moore's Law: The interconnect era. *Computing in Science and Engineering, 5*(1), 20-24.

Shannon, C. E. (1948). A mathematical theory of communication. *Bell System Technical Journal, 27*, 379-423 and 623-656.

Shannon, C. E., & Weaver, W. (1949). *The mathematical theory of communication*. Urbana, IL: The University of Illinois Press. Tufte, E. R. (1997). *Visual explanations: Images and quantities, evidence and narrative*. Cheshire, CN: Graphics Press.

链接

Em Griffin's First Look at Communication Theory website: see www.afirstlook.com/main.cfm/book.

Robert Gwynne's website on communication models: see http://pegasus.cc.ucf.edu/~rbrokaw/commtheory.html.

Ron Wright and Mary Flores' Overview of Communication Theory: see www.ic.arizona.edu/~comm300/mary/general/.

Wikipedia entry on communication theory: http://en.wikipedia.org/wiki/Communication_theory.

其他资源

The Center for the Study of Complex Systems at the University of Michigan: see http://cscs.umich.edu/. Communication theory blogsite: see http://communicationtheory.org/

Hueco Tanks State Park in Texas: see www.desertusa.com/mag00/may/stories/hueco.html.

S. H. Kaminski's website on communications models: see www.shkaminski.com/Classes/Handouts/Communication%20Models.htm.

McGraw-Hill website with a glossary of communications theory terms: see www.mhhe.com/mayfieldpub/westturner/student_resources/theories.htm.

University of Arizona website on communication theory: see www.ic.arizona.edu/~comm300/mary/alpha.html.

University of Colorado website on communication theory: see www.colorado.edu/communication/meta-discourses/theory.htm.

University of Twente website on theory clusters: see www.utwente.nl/cw/theorieenoverzicht/Theory%20clusters/.

Wikibook on communication theory: see http://upload.wikimedia.org/wikimedia/en-labs/5/51/Communication_Theory.pdf.

第十章　教学理论与教学设计理论

"人类可以习得事实,但是为什么呢?他们或许习得新概念,但作为人类个体,如何在更大的任务情境中发挥这些新概念的作用?学习者可以习得过程,但这是多大的规模活动呢?行为表现或许能够被描述,其不仅类似流程中的步骤简化,也依据其在满足整体活动的目标中的功能与目的。"

(出自 Robert M. Gagné & M. David Merrill 于 1990 年发表在《教育技术研究与发展》(Educational Technology Research and Development)上题为"Integrative Goals for Instructional Design"的文章)

什么是教学?简单而粗略的回答是促进与支持学习。所以,如果我正在学习如何使用计算尺算出立方根,那么关于如何这样操作的一系列指导就是一个教学的示例。也许如此,但请设想,我正尝试找出如何穿过一条湍急的山间河流的办法,它太宽不能简单跳过,也太危险无法游过。我可以找一棵最近倒下的树,将它横跨在河上,然后走过去。在此情境中,这棵死去的树是教学的一个示例吗?或许不是。我们需要对教学做出更精准的界定。

并非任何促进和支持学习的事物都应被视为教学。咖啡因通常能够使人在漫长的讲授课中保持清醒,它不是教学,但它也许促进了学习。此外,有些事物原本旨在支持却意外地妨碍到学习,但考虑其支持学习的出发点,也许仍将其视为教学,尽管在某些情况下那是无效的。讨论一些原本用以支持学习但经常失败的示例,这是一个有趣的课堂活动。

教育和教育理论是(或者应该被视为)明确地以价值为核心的。不同的教育理论所倡导的价值可能各异,但价值处于核心位置这一点是明确的。例如,根据 Dewey(1907),教育的目的是确保孩童成长为能够针对他们在生活和社会中遭遇的问题，做出明智、恰当、有效判断的成年人。指向公民的教育概念是普适的，绝不局限于西方民主主义。马克思主义教育观念同样强调通过活动、合作和批判来发展明智的公民(参见例如 Vygotsky,1978)。讽刺的是，政治术语上看似相差甚远的社会在教育观点上竟如此相似。

教学与教学设计同样以价值为核心，但其方式却非常不同。教育理论家们创造论据来支持各自主张的论点，而教学理论家们接受一个既定目标，然后采取一种价值主张，例如信息技术课程情感价值观辨析。根据 Bruner(1966)，教学与最优序列相关，它将帮助个体掌握特定的目标，在目标领域内成为一个独立的问题解决者。

讨论至此，或许应该停下来评判以下三种主张：(a)教育的价值在政治、文化和宗教观念不同的社会中普遍共享；(b)教学的一个主要目标是确保学生在给定的领域中成为独立的问题解决者；(c)教学的一个主要价值是效率。读者可以并且应该讨论、批判并挑战这样的主张。

在继续讨论教学理论和教学设计理论之前，需要先对两件事情进行说明——其一是一项观测，另一项是先行组织者(Ausubel,1963)。首先，在本书中常被引用的一本参考书目是 Richey 等人的《教学设计知识基础》(*The Instructional Design Knowledge Base*)(2011)，它提供了关于教学与教学设计理论及其他许多相关领域的极好的综述。然而，值得注意的是，"教育"和"教学"没有被包括在该书的术语表中。并且，该书虽然有一篇维果茨基的参考文献，但没有杜威的参考文献。我认为这意味着，"教育"与"教学"要么很好理解不需要精确的定义，要么像书中的"知识"那样对它们进行了拓展讨论，或者，可能这些术语在整本书中被间接定义了。

第二，我们应该继续探究一些"教学"、"教学理论"和"教学设计理论"相关定义的意义(Eckel,1993)。在此推荐采用上文所述的 Bruner 关于"教学"的定义：教学与最优序列相关，它将帮助个体掌握特定的目标，在目标领域内成为一个独立的问题解决者。这一定义允许个体聚焦于掌握不同的目标所需，思考教学理论；聚焦于最优序列，概念化教学设计理论。当然，下文将对后两个概念进行详述。

教学理论

一个理论通常由各种各样的原理构成。优先考虑教学理论本身,这可能利于讨论代表性的教学原理。一种被大量经验主义研究所支持的、出现在许多教学观念中的原理属于教的概念。单词"concept"用于通俗地指那些关于若干事物或情况的普遍观点或概念,如教育概念或效率概念。概念与事实不同,事实指的是特定的实例和情况,例如"哥伦布于 1492 年航行在蓝色海洋上",这个事实涵盖了多个概念,包括"海洋"和"蓝色"。当前的焦点聚集在概念上。

对于这些讨论,一个概念可以视为一类事物;这类事情可以是具体的或抽象的,并且具有代表性的共同特性,这使得它们能够基于某一目的被归为一类。因此,为使学生能够掌握某一特定概念并独立运用,似乎有必要指出那些共同的特性是什么——换言之,指导特定分类的规则对于概念学习是合适的。为了判断概念的掌握程度,案例和非例都是必要的(当然,这同样适用于教学),学生必须判断该项实例是否属于该类别。实际上,这需要学生两方面的知识——陈述性知识(知道事情是这样的)与过程性知识(知道如何完成事情;参见 Tennyson & Cocchiarella,1986)。

如果读者分析一个典型的概念学习活动的组成,可以确定:(a)概念的名称(可能的话,以及它与其他概念的关系);(b)用于判定示例的基本特性或典型特征;(c)概念的相关示例;(d)概念的非例。一个应用于概念学习的教学原理可能表明,为确保概念学习,所有以上四个组成部分都应该包括;当然也应该有机会加以实践,并提供及时反馈。

显然,概念在组织信息和解决问题中至关重要(Anderson,1983;Gagné,1985),且知识是逐渐积累并建立在先前所学之上的(Gagné,1985;Gagné & Merrill,1990;Seel,2004)。基于这些原因,包含一个概念在与其他概念的关系中处于什么位置的典型表现,通常对于学习有所帮助。简而言之,一个以语义层级为形式的概念图通常对将注意力聚焦于某一特定的概念是有用的,并且,提供这样一个地图可以帮助学习者自身组织信息来促进信息的存储与检索——在这种情况下,信息就是概念的定义。

图 10.1 提供了一个概念图的示例（一个语义网络），它可能被运用于讲授"海啸"这一概念。与概念学习相关联的教学原理表明，应该提供一项指导术语应用的规则，以及对这项规则的应用的示例与非例。如此看来，规则有些含糊，如需要多大的波浪才达到海啸的级别没有被精确界定。在这样一个定义模糊的实例中，读者可以得出一个概念学习原理的推论，即在教学中增加定义的附加特征（例如偶然的及基本的或相关的特征），以及简单的和有挑战的示例（参见诸如 Taba，1962）。图 10.2 展示了一个有代表性的关于"鱼"的概念图。

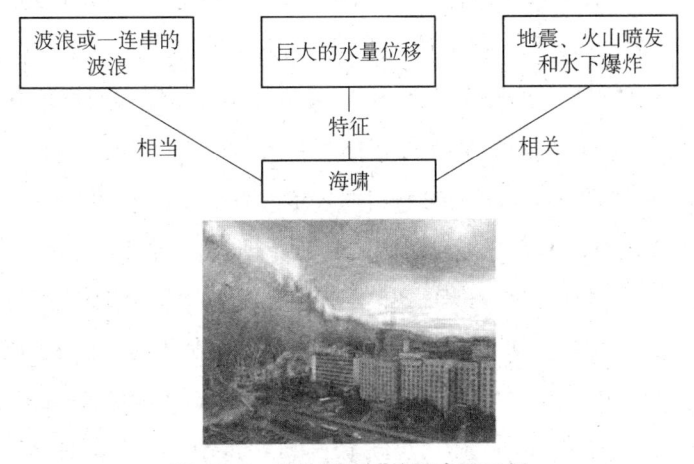

图 10.1 有关"海啸"的概念图示例

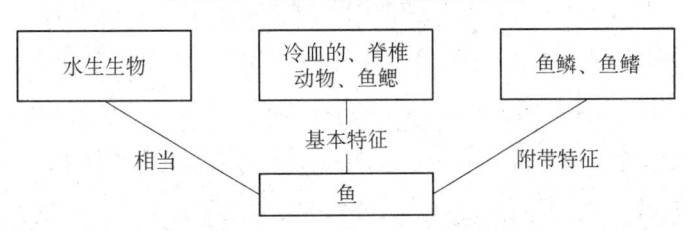

	基本特征	附带特征	想到的示例
明确的示例	冷血的、脊椎动物、鱼鳃	水生生物、鱼鳞、鱼鳍	鲈鱼、鳕鱼、马哈鱼、金枪鱼
明确的非例	无脊椎动物	水生的	水母、乌贼
有挑战性的示例	冷血的、脊椎动物、鱼鳃	水生的但没有鱼鳞	鲶鱼、七鳃鳗、鳗鱼
有挑战性的非例	脊椎动物	水生的、鱼鳍	海豚、鲸

图 10.2 有关"鱼"的典型概念图

第十章 教学理论与教学设计理论

如果教学环境适宜,可以考虑开展一项关于开发"教学"概念图的课堂活动。该活动可由两部分组成,第一部分旨在用一个高层级的语义网络来说明教学是哪一类事物、与教学相关的概念以及这些关系的性质。第二部分是提供基本的、相关的但偶然的特征,以及相关示例与非例。

此时值得注意的是,教学设计代表性地将概念分为两大类:具体的和抽象的。具体的概念指的是可以通过指向具体物体来学习的各种类别——例如,通过指着一棵榆树告诉孩子"那是一棵树",指着一株仙人掌说"那不是树"。这样甚至能够引导孩子推出一个规则或指南来判别树木,比如说一棵树是巨大的、木质的、多年生的植物。一个孩子真的能够得出这样的定义吗?并不尽然。孩子更可能产生一种怎样的规则呢?当然,定义或规则也可能被明确地教授给他/她,但定义可能会带来那些还没有学过的其他概念(例如"多年生植物")。

另一方面,存在那些没有任何特定的具体物体可以作为示例的概念,即抽象概念,包括自由、快乐和智慧等。在这种情况下,通常会给出一个比较模糊的定义,以及作为示例和非例的说明性案例。在某种意义上,所有的概念都是明确的界定的概念,虽然在讲授具体概念时可能不会用到该定义。因为对于概念学习,语言是至关重要的;而对于知识和专业技术的发展,概念学习又是关键,因此,读者可以得出正确的结论,即在学习与教学中,语言起到了核心作用。

上文已经给出了一个关于讲授概念的教学原理的扩展示例,接下来应该将视野扩大到教学理论上,它是这些教学原理的基础。在更高层面上,与 Bruner(1966)的教学定义相一致,可以依据学习者从不知道或不会做某事的状态达到知道或会做某事的状态这样一个流程来思考教学理论(详见图 10.3)。

考虑到如图 10.3 所描述的模型,读者可以采用以教学为中心或以学生为中心的方法——实际上,两者是相关联的,并且在一个教学理论中都是需要的。教学理论利用认知科学和学习心理学中最好的知识,并用其来设计教学策略(以教学原理的形式来阐明)旨在支持图 10.3 所示的通用流程(Reigeluth, 1983; Richey 等, 2011; Spector & Anderson, 2000)。

那些与认知科学和学习心理学紧密相关的教学原理和策略的示例,包括如下:

1. 考虑短期记忆的局限性与大块信息转换为可组织单元对于学习者理解

图 10.3　一个典型的教学流程图

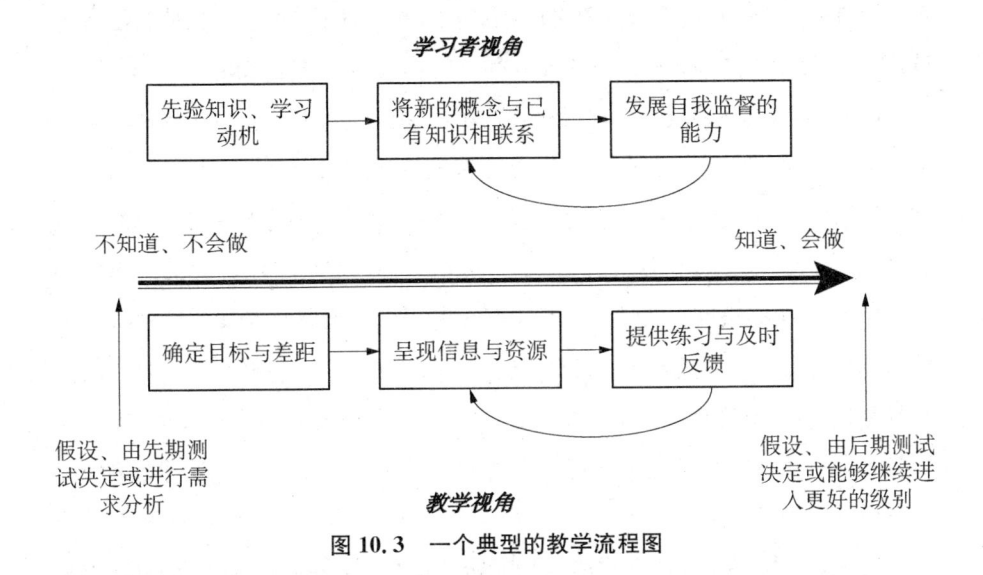

能力的匹配性。

2. 当教授概念时,确保包括定义、示例、非例和包含反馈的练习机会,顺序可能不重要,但是所有的都应该明确地包括在内。

3. 提供及时的、有意义的反馈——什么可以算作及时和有意义,这取决于学习者的理解能力。

4. 帮助学习者关注于活动与资源的用途和内容上。

5. 为学习者积极学习、参与学习活动提供基础。

6. 为学习者在指定的活动中或在目标类型的任务中逐渐独立提供基础。

7. 依次评估学习目的、目标与活动。

Merrill(2002)提出了五大教学原理：(1)学习者应该参与解决有意义的问题；(2)学习者关于任务的先验知识应该被激活；(3)新的知识与技能应该在一个适当的环境中得以展示；(4)学习者应该有足够的机会来应用新的知识与技能,并得到反馈；(5)应该鼓励学习者随时将知识与技能化作其日常生活的一部分。

Spector(2001)给出了一套略有不同的教学原理：(a)学习从根本上是和改变相关的,因此教学应该被设计以促进想要的改变；(b)经验是理解的起点,所以经验应该是教学的重要组成部分；(c)环境决定意义,因此教学应该发生在有意义的环境中；(d)相关联的环境往往复杂且多方面,所以教学应该逐步引入学习

第十章　教学理论与教学设计理论　99

者在学习环境之外可能遇到的复杂问题;(e)通常人们知道的要比相信自己所知道的更少,因此教学应该强调什么是不知道的,以及什么是已知的。

如前所述,其他的教学原理可以在文献中找到。列举的这些示例并非是为了求全,也没有充分详细说明的打算以支持教学情境中的直接应用。它们只是相当于各种应用于教学原理的典型代表。这些代表性原理通常是以指示的形式被引用。开发一个展现那些可供选择的教学策略模型是一项有意义的课堂活动,这些教学策略可能与每种原理相关联。一个教学策略是对某一针对特定教学或学习活动的方法的描述。例如,与上文提到的第一套原理中的第四种(帮助学习者关注)相关联的教学策略可以是解释性的(例如指出教学单元的目标)或者询问式的(例如询问学习者可能从即将学习的主题中学到什么与之相关的有用内容),或者两者相结合。

教学策略与所要学习事物的类型紧密相关(参见 Anderson & Krathwohl,2001)。例如,如果要学习的内容是如何从一架飞机上移除雷达,那么仅仅使用解释性或询问式的教学就不合适了。这是一个程序性任务,最好的习得方式是通过"做"。当然,一些信息是必要的,如雷达位于哪里以及必须采取哪些安全预防措施。学习这样一项任务的策略可以是演示和模仿相结合,然后让学习者完成该任务,也可以做出相应的变化,将任务分解为主要的子任务,运用部分任务的方法。例如,可将第一个预备步骤视为一个模块,反复练习直至掌握。

除了以上提到的普遍的解释和询问的策略,长久以来,教学理论还形成了许多教学策略。如下所示(这些仅仅是参考,因为供选择的策略可能适合于所引用的实例,并且这个列表远远不够详尽):

1. 训练与练习——适合于学习语言信息,无论出于什么原因,一定益于记忆。

2. 辅导性教学——适合于学习简单的过程或在特定的软件系统中学习如何操作。

3. 探究性教学——适合于促进学习者理解新的现象。

4. 交互式模拟——适合于促进对动态的、复杂的系统的批判性推理。

5. 苏格拉底提问法——适合于帮助学习者将新事物或看似不熟悉的事物与已知事物联系起来。

6. 讲课法——适合于介绍新的主题,并为该主题创造学习动机与适宜的基础。

当然,还有许多其他的策略,可以通过许多方式对其分类。在课程层面,普遍的方法可能是一个经验策略;但在单元层面,讲课法可能在该课程中是有效的;在活动层面,一个以案例为基础的协作性对话可能才是有效的。根据所学事物的类型来对策略进行组合和排序,这是重要的。正如上文所述,为特定的任务选择合适的策略是教学设计的重要环节。设计者结合所学事物的类型及涉及的学习者自身,来考虑一个教学理论所对应的各种策略,然后描述如何部署这些学习策略,以获得最佳的学习产出。

教学设计理论

鉴于对教学理论的描述是作为对原理和策略的开发来帮助学习者从对特定事物未知和不会做的状态达到已知和能够完成的状态,读者可以将描绘教学设计理论视为聚焦于在各种各样的情境中如何配置这些原理和策略。根据Reigeluth(1983,1999)的观点,教学设计理论具备规范的特性,也就是说,理论在一定程度上显示了如何使用各种策略对素材和活动排序,使特定学习者获得所期望的或目标的产出。如前所述,教学设计理论不同于教学理论是因为它既是设计的也是目标指定的。学习理论主要是描述性的,是建构主义认识论。教学理论通过学习目标或目标产出,为描述性理论和教学设计之间搭建了一座桥梁。教学设计理论则通过引入设计的概念更进一步,这一概念基于以高效的方式获得目标产出的教学理论,与教学方法相关联。对某些人而言,这种差别或许看似细微,但对于研究者和实践者而言,加入设计产生了一连串全新的考虑因素与挑战。图10.4描述了教学设计理论组成的概念图(改编自 Reigeluth, 1999)。

为进一步说明,接下来以学习打结这项任务为例来分析。基于行为性任务分析,我们认为涉及的技能可能是一个动作技能,但这样过于简单化,因为打结的真正核心环节是为实现某个特定目标决定要打哪一种结,并且因其可能会出现认知任务分析而包含智力技能(参见 Gagné, 1985)。不同的学习者可能会在对选择适合的教学方法上产生巨大差异。如果学习者是救援人员,他们可能被

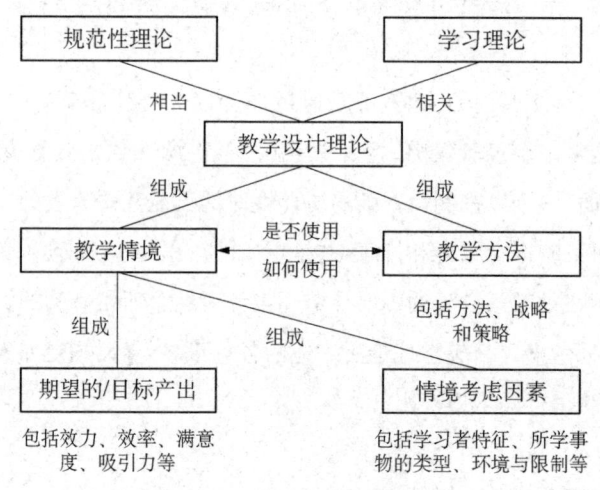

```
规范性理论          学习理论
     相当   \    /   相关
        教学设计理论
     组成  /    \  组成
    教学情境 ←是否使用→ 教学方法
            如何使用
                      包括方法、战略
                      和策略
    组成 /    \ 组成
  期望的/目标产出    情境考虑因素
  包括效力、效率、满意    包括学习者特征、所学事
  度、吸引力等         物的类型、环境与限制等
```

图 10.4　教学设计理论的组成

要求在救援工作中将绳索及其他物资集结起来,那么期望的学习产出就是辨别出在特定救援情况下所需要绳结的能力、考虑资源的可获得性以及打这种绳结的能力。对于其他的学习者,如童子军,期望的学习产出也许就轻松得多。期望的学习产出会影响相应的方法选择。在培训救援人员的事例中,培训必须达到无意识的判别并做出相应反应的程度,经过反复的练习直到掌握大量不同的情况。

关键是,教学设计远非公式化的、静态的计划。各组成部分均紧密相连,如何最好地选取素材、开发有效的学习活动并进行排序完全不简单。并且,当设计教学时,只要某一组成部分中发生一个变化,素材、活动与排序就会随之产生巨大改变。

图 10.4 所示的全部内容从属于不同理论者的解释,并且该教学设计的表达就是争论主体(参见 Richey 等,2011)。为了总结对教学设计理论的讨论,接下来会详细阐述一些教学的重要组成部分的代表性示例。

学习类型

根据特征可将知识、技能与态度进行多种方式的分类,下文将提到其中几种。在教学设计理论中,一个传统的假设是所学内容的类型显著影响如何最好地设计最佳教学(支持获得期望的学习产出)。近几年所面临的挑战不是学习类型与教学方法之间的联系,而是在考虑类似学习特征、兴趣等因素的同时这种联系有多显著。传统的设计因素链是从期望的学习产出到学习需求(基于学习者已知和能做的与他们期望知道的、能做的之间的差距),到评定项目和设计合适的支持与活动,最后到对学习产出的评估。其中一些已经在通用的链条 ADDIE 模型中有体现——分析、设计、开发、应用和评估(参见如 Dick 等,2009)。

在计划教学的分析阶段,设计者需考虑所学内容的各种类型。Gagné (1985)认为有五种不同类别的学习内容:(a)言语信息(如事实);(b)智力技能(如运用规则来解决问题);(c)认知策略(如选择一个程序来解决问题情境);(d)动作技能(如骑自行车);(e)态度(如不喜欢数学)。如表 10.1 所示,读者可将 Gagné 的学习类型与通用的教学策略相关联。

表 10.1　学习类型与教学策略的关联

学 习 类 型	可 能 的 策 略
动作技能	训练与练习、游戏
态度	角色扮演、模仿
言语信息	训练与练习、辅导、游戏、讲座
认知策略	探究式学习、模仿
智力技能——辨别、概念	训练与练习、辅导、案例研究、讲座
智力技能——原理	辅导、探究式学习、模仿、案例研究、游戏、讲座
智力技能——问题解决	探究式学习、模仿、苏格拉底提问法、案例研究、游戏、讲座

一种完全不同且与 Merrill(2002)的教学原理(将解决问题放在教学的核心位置)相一致的方法是区分问题的类型,并将所要解决问题的类型作为计划与实施教学的指导(参见例如 Jonassen,2000,2004,2007),如图 10.6 所示。

此处的目的不是为了争论其中一种或另一种对学习类型的分类方式是否最好,关键是为了说明所学内容的类型是教学计划的重要方面,因为它可以帮助判别某个可能的教学方法与策略是否合适。当然,其他方面也需考虑,包括学习者及学习发生的场景。

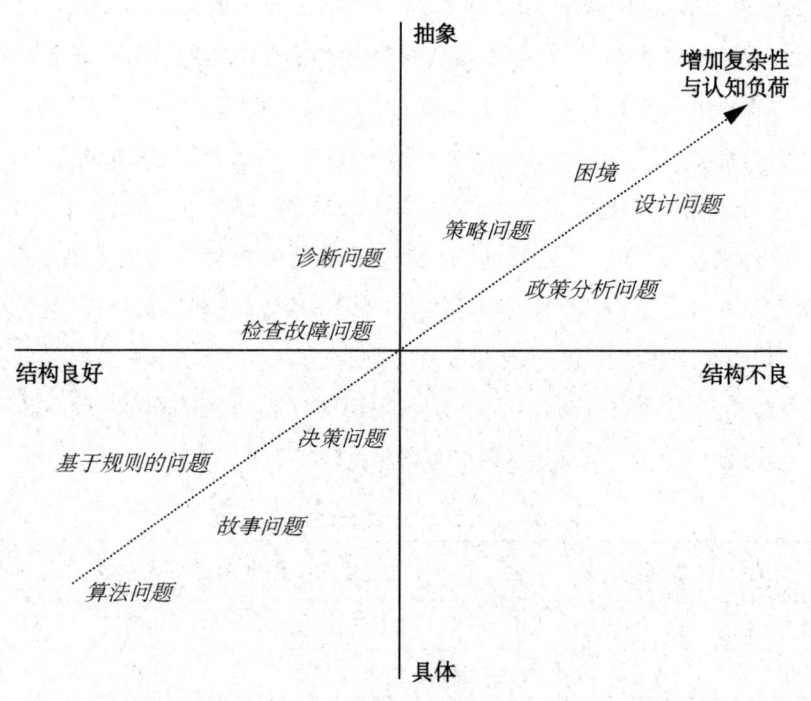

图 10.5　一种问题分类方法与问题的特征（改自 Jonassen，2000，2004，2007）

学习者类型

谁是学习者？他们是儿童、青少年、大学生、成年工作者吗？他们在先验知识和技能、学习动机、文化、语言、性别等方面具有怎样的同质性？他们为什么入学——是教学要求的、可选择的还是自愿的？他们是否为教学支付费用？如果通过，他们是否可能获得某些形式上的补偿？为了使计划的活动对学习者而言是有意义的，且与教学目的相关，这些问题及许多其他相关问题都要考虑。这里建议的观点是服务导向的观点之一。教学者与教学设计者为那些参与学习的个体——学生服务。我们在此是服务并支持学习者。为了履行这样的职责，我们需要知道学习者是谁以及什么类型的支持最切合、最有用。

正如有多种学习归类的方法一样，也有许多对学习者的特性归类的方法。一种区分学习者、对教学设计影响深远的方法就是根据学习风格分类。同时，有许多方法可以描述学习风格，接下来将就其中的两种进行讨论。

Kolb（1984）认为学习者经历发展的四个阶段：（a）具体经验；（b）观察与反

思;(c)抽象概念化信息;(d)迁移至新的情境。根据这个四阶段学习模型和思维的发展,Kolb 接着区分出四种学习风格(或学习者)及最适宜每种风格的环境(参见 www.businessball.com/kolblearningstyles.htm):

1. 同化型学习者——喜欢基于概念和理论的逻辑性进展所进行的描述。
2. 聚合型学习者——喜欢(观看和练习)概念和理论的实践应用。
3. 调节型学习者——喜欢亲身实践的经验,直接应用知识和技能。
4. 发散型学习者——喜欢收集数据和信息,观察一系列不同的情况。

值得注意的是,Kolb 的学习者模型受到了许多人的批评,也得到了许多拥护。基于 Kolb 的模型有一个学习风格量表,读者可以采用并且可以在图书馆找到。若想对自己或学生进行测试,可从网上找到其他几种学习风格的量表(www.dentistry.bham.ac.uk/ecourse/pages/page.asp?pid=1518)。

教学设计者如何能够为 Kolb 学习偏好的所有可能排列计划一门课程,这还不甚清楚,但可以建议学生,意识到自己的偏好、强项和局限性通常是可取的;而这种意识是自律学习的一个基本方面。Fleming(1995)对学习风格的归类有所不同(参见 www.vark-learn.com/english/index.asp),包括四种类型:(a)视觉型学习者;(b)听觉型学习者;(c)动觉型学习者;(d)读写型学习者。视觉型学习者喜欢看图表,相比于那些书面或口语文本,更能够从这些视觉的来源中获得信息。听觉型学习者偏好演讲和小型群体讨论场景中的各种讲话。动觉型学习者偏好操作物体并看到效果。读写型学习者偏好从书面文本中学习。Fleming 的 VARK 系统优于 Kolb 的一个地方在于,设计者能够更容易地在一个设计中适应各种各样的学习风格。提供多元的信息表示法是适应多种学习风格的方法之一。

读者也可以在 VARK 的官网上对自己及其学生的学习风格进行测试(www.vark-learn.com/english/index.asp)。同时,可以为每一种学习风格构建可能的策略模型,并且可将其做成适宜小型群体的课堂活动。

学习风格通常指的是学习者在一个或多个维度上的偏好。学习者是灵活的,可以在相当范围内调整。然而,学习者也有其他不那么灵活的特征。其中一组这样的特征就可称之为认知特点(Graf 等,2009)。认知特点考虑学习者特有的工作记忆能力等,这种能力很大程度上依赖于学习者在特定领域专业知识的相对水平。更高水平的学习者能够将大量信息加工凝聚成小的记忆模块,因此相比于无经验的学习者,能够更快地利用相关信息。再者,这同样对教学设计有影响。如果知道学习者普遍在某一特定领域缺乏经验,那么对这样的学习者,更多的支持更合适。

学习环境的类型

学习将在哪里发生?是否在教室中?教室如何布置?学习者是否有电脑或其他移动设备并且能够上网?他们是否都在相同时间聚集在同一个地方?他们是否能够在不打扰他人的情况下听音频文件?他们是否在其工作场所同时参与学习?他们在家是否能学习?还有其他什么人在旁边,他们将做什么?这些问题与学习素材和活动的设计有明显的关联。并且,在一个教学程序甚至仅仅一节课程中,环境也可能发生变化。在一些情境中,设计者可能认为在一个教学单元中或在多个教学单元间改变学习环境是合适的。一个混合的课程环境并不常见,其中一些教学发生在传统的教室中,是面对面授课(相同的时间、相同的地点,针对所有的学习者和教学者);一些发生在网络课程的管理系统中,是异步教学(不同的时间、不同的地点,针对学习者和教学者)。

为授课环境中的讲解所开发的素材在网络环境中若不经过大量的重构是不能很好地发挥作用的。可以在课堂环境中部署的学习活动通常需要大量的再概念化才能被应用于网络环境中。因为移动设备与互联网对于每个人来说越来越容易获得,考虑与学习相关联的环境变成了一个重要的挑战。对于这样的设计挑战,虽没有一个简单的答案,但有一些指导方针。这些指导通常是在操作层面而非教学法层面。例如,考虑到移动学习,通过持续追踪学习者的动态并在一段时间没有交互后进行提醒来提供动态支持,这通常是一个好办法。虽然它可能不是一个最优学习的示例,但想象一个学生在度假海滩上学习外语,这也挺自然。

学习方法/模型的类型

在总结这个教学设计理论的讨论中,有三个非常普遍的教学框架似乎给了教学设计者大量希望。这些框架体现了许多教学原理与方法,且可能被视为教学模型,具有广泛适用性。接下来本文将对这三种教学框架进行讨论,虽然可获得的这类框架绝非仅仅这三种,但旨在表明教学原理和教学设计的原理可以为教学设计、开发与开展提供一个普遍的方法或框架。

九大教学活动

Gagné(1985)提出了九项教学活动,它们必须包含在任何教学单元的设计中,且与学习中有代表性的认知方面相关联(详见表10.2)。

表10.2　Gagné(1985)的教学活动与学习过程

教 学 活 动	学 习 过 程
1. 引起注意	集中感官与思想
2. 告知学生目标	建立期望
3. 促进先前相关学习的回忆	从长时记忆中检索信息
4. 呈现教学内容	编码和储存信息
5. 提供学习指导	为执行、存储和检索识别起提示作用
6. 引出行为	激活心智模型,形成自动化
7. 给予反馈	发展能力、自信和满意度
8. 绩效评估	识别问题领域、发展自我监控能力
9. 强化记忆与迁移	建立更强的心智模型,建立更详尽的线索以便记忆与检索

认知学徒制

认知学徒制的概念出现于20世纪80年代,与情境认知相关(参见Collins等,1990)。它的基本观点是,随着学习者的发展,所需的明确支持变少,期望学习者在管理发展和协商目标上逐渐独立。这种教学方法需要灵活性,且教学者具备调整支持和反馈以满足个体学生需求的技能。有六种普遍的教学方法与认知学徒制及逐渐淡化的支架观念相关联:

1. 示范——教师或专家向学习者示范或展示要学习的知识和技能,这对某一领域的新手来说是非常必要的,可以在学习的不同阶段重复。

2. 辅导——教师或专家观察学习者的表现并给出反馈,旨在帮助提升学习并使其意识到要求提升的特定方面。

3. 支架式教学——设计者或教学者为学习者配置各种支持机制；伴随着学习者能力和自信心的获得，这些支持通常越来越不明确且越来越少。

4. 清晰表达——教师鼓励学生谈论其在特定任务中做什么或者了解了什么；这可以发生在教学程序中的许多节点上。

5. 反思——教师鼓励学生将自身对某一问题情境的反应与专家对该问题的反应进行对比，或者可能的话与其他学生的反应进行对比，作为关注不同点的一种方法来提升理解力和洞察力。

6. 探究——教师提供学生探索新问题和不同类型问题的机会，要求多种选择的问题解决策略。

显而易见，认知学徒制与许多已讨论的教学模式和原理是相兼容的。Merrill(2002)以问题为中心的教学原理已据此归纳为一种简单的形式，包括如下活动：(a)告诉；(b)提问；(c)展示；(d)做。"告诉"可以发生在示范、辅导和清晰表达活动中，这取决于谁在说——教师还是学生。提问与清晰表达更直接相关，展示与模仿紧密相连，做与探究最紧密相连。读者可以也应该找到其他方法或模型中与认知学徒制相对应的关系。

四要素教学设计模型

van Merriënboer(1997)构建的四要素教学设计模型(4C/ID)将所学内容的类型区分为复用性与非复用性任务类别。复用性的任务是那些不考虑周围环境的变化，基本采用相同的方式完成的任务。非复用性任务是那些基于周围环境中的特定变化，采用不同的方式完成的。通常，包含长时间过程序列的周期性任务可以被分解成多个子任务并通过训练达到自动化，在部分任务训练中程序性信息根据需要即时呈现。一个简单的示例就是替换电脑的存储芯片。这个任务可以分解为子任务：(a)准备电脑，(b)替换存储芯片，(c)测试新的芯片。

然而，更复杂的任务通常不会同时得到部分任务训练和程序性信息的支持，相反，这样的任务应该以整体任务的形式呈现和练习。根据 4C/ID，随着学生掌握较简单的整体任务，逐渐增加任务的复杂性。例如，培训航空管制员与飞行员进行沟通，使飞机降落在特定机场的飞行区域。由一个简单的完整的任务开始，可能是一架飞机处于飞行模式，没有其他的飞机在跑道上滑行(这可以作为 4C/ID 中的一个任务级别)。整个任务从飞机进入飞行区域到停靠在航站楼登机口处，可在整个过程中练习与飞行员沟通的任务。一旦掌握了整个任务，则可以引入一个更复杂的完整的任务，例如两架飞机处在飞行模式，多架飞机在跑道上，等等。这些具备相似复杂性的不同任务可以在任务等级中归纳在一起。为了帮助学习者区分关于某一复杂的认知任务中造成复杂性的因素和关键的决策点，引入了启发式教学法。当要解决一个复杂问题决定接下来应该做什么时，启发式教学是一种普遍的指导，而非针对应该思考什么的一步步过程性指令。表10.3展示了在复杂学习中，四个基本要素与相关步骤之间的关系。

表 10.3　4C/ID 的组成（van Merriënboer & Kirschner, 2007）

要素	复杂学习的步骤
学习任务	1. 设计学习任务 2. 对任务等级排序 3. 设定绩效目标
支持性信息	4. 设计支持性信息 5. 分析认知策略 6. 分析心智模型
程序性信息	7. 设计程序性信息 8. 分析认知规律 9. 分析预备知识
部分任务练习	10. 设计部分任务练习

测试你的理解

回答以下简答题：

1. 针对一个小的教学单元，如一堂课，描述一个典型的教学流程。
2. 描述一个与该教学流程相关联的学习流程。
3. 指出一个描述性理论或模型（如建构主义认识论）与规范性理论或模型（如认知学徒制）之间的差别。
4. 根据发展经验主义支持，判断通常哪一种理论（描述性的或规范性的）更难支持，为什么？
5. 运用 Jonassen 的问题分类法，定位出教学设计可能落实在哪儿，并解释原因。

6. Gagné 的九大教学活动中哪一项可能与认知学徒制中的支架式方法相关联,如何关联?

一个有代表性的教育技术挑战

长久关注航空工程的高等教育机构已经发现,虽然选择航空工程专业的一年级学生占据了压倒性的多数,但随着时间推移,这些学生完成了所要求的两学期的航空工程课程后却换了其他专业。问起原因,学生普遍表示他们只是发现一些其他的领域更加有趣。一项对航空工程教学程序的初步分析显示,在过去20年教学几乎没有改变。这门课程是一门讲授课,配有相关的实验部分,在实验中学生小组作业,解决特定问题的数学方面。课程使用一套标准化的期末测试,反映出20年内学生的表现几乎没有变化。通过对毕业生校友及其雇主的追踪访谈可以得出,那些完成了所需课程、取得很好成绩,并留在航空工程专业至毕业的学生,在其大学后经历中表现优秀。然而,保持75%的航空工程专业毕业生的目标并没有达到,因为只有约15%的毕业生仍留在了该专业。作为一个专业的教学设计者,你已经被聘请来诊断这一问题情境,并就如何解决该问题提出建议。

学习活动

1. 确定和描述你在回答上文所述问题情境时会考虑的关键要素。
2. 确定和描述在与家长沟通中更加有效的关键要素。
3. 指出和描述所确定的关键要素之间的关系。
4. 指出为了最好地运用你的解决方案,什么样的额外支持应该被考虑。
5. 建构一个带注释的概念图,以反映在回答以上四个任务中提到的所有事物。

参考资料

Anderson, J. R. (1983). *The architecture of cognition.* Cambridge, MA: Harvard University Press.

Anderson, L. W., & Krathwohl, D. R. (Eds.) (2001). *A taxonomy for learning, teaching and assessing: A revision of Bloom's taxonomy of educational objectives.* New York: Longman.

Ausubel, D. P. (1963). *The psychology of meaningful verbal learning.* New York: Grune & Stratton.

Bruner, J. S. (1966). *Toward a theory of instruction.* Cambridge, MA: Harvard University Press.

Collins, A., Brown, J. S., & Newman, S. E. (1990). Cognitive apprenticeship: Teaching the crafts of reading, writing, and mathematics. In L. B. Resnick (Ed.), *Knowing, learning and instruction: Essays in honor or Robert Glaser* (pp. 453 – 494). Hillsdale, NJ: Lawrence Erlbaum.

Dewey, J. (1907). *The school and society.* Chicago, IL: University of Chicago Press.

Dick, S., Carey, L., & Carey, J. O. (2009). *The systematic design of instruction* (7th ed.). Boston, MA: Allyn & Bacon.

Eckel, K. (1993). *Instruction language: Foundations of a strict science of instruction.* Englewood Cliffs, NJ: Educational Technology Publications.

Fleming, N. D. (1995). I'm different, not dumb: Modes of presentation (VARK) in the tertiary classroom. In A. Zelmer (Ed.), *Research and development in higher education. Proceedings of the 1995 Annual Conference of the Higher Education and Research Development Society of Australasia (HERDSA),* 18, 308 – 313.

Gagné, R. M. (1985). *The conditions of learning* (4th ed.). New York: Holt, Rinehart and Winston.

Gagné, R. M., & Merrill, M. D. (1990). Integrative goals for instructional design. *Educational Technology Research and Development,* 38(1), 23 – 30.

Graf, S., Liu, T-C., Kinshuk, Chen, N-S., & Yang, S. J. H. (2009). Learning styles and cognitive traits: Their relationships and its benefits in web-based educational systems. *Computers in Human Behavior,* 25(6), 1280 – 1289.

Jonassen, D. H. (2000). Toward a design theory of problem solving. *Educational Technology Research and Development,* 48(4), 63 – 85.

Jonassen, D. H. (2004). *Learning to solve problems: An instructional design guide.* San Francisco, CA: Pfeiffer/Jossey-Bass.

Jonassen, D. H. (2007). Toward a taxonomy of meaningful learning. *Educational Technology,* 47(5), 30 – 35.

Kolb, D. A. (1984). *Experiential learning: Experience as the source of learning and development*. Englewood Cliffs, NJ: Prentice-Hall.

Merrill, M. D. (2002). First principles of instruction. *Educational Technology Research and Development, 50*(3), 43–59.

Reigeluth, C. M. (Ed.) (1983). *Instructional-design theories and models: An overview of their current status*. Hillsdale, NJ: Erlbaum.

Reigeluth, C. M. (Ed.) (1999). *Instructional-design theories and models: A new paradigm of instructional theory* (Volume II). Mahwah, NJ: Erlbaum.

Richey, R. C., Klein, J. D., & Tracey, M. W. (2011). *The instructional design knowledge base: Theory, research and practice*. New York: Routledge.

Seel, N. M. (2004). Model-centered learning environments: Theory, instructional design and effects. In N. M. Seel & S. Dijkstra (Eds.), *Curriculum, plans and processes in instructional design* (pp. 49–74). Mahwah, NJ: Erlbaum.

Spector, J. M. (2001). A philosophy of instructional design for the 21st century? *Journal of Structural learning and Intelligent Systems, 14*(4), 307–318.

Spector, J. M., & Anderson, T. M. (Eds.) (2000). *Integrated and holistic perspectives on learning, instruction and technology: Understanding complexity*. Dordrecht: Kluwer Academic Press.

Taba, H. (1962). *Curriculum development: Theory and practice*. New York: Harcourt, Brace, and World.

Tennyson, R. D. & Cocchiarella, M. J. (1986). An empirically based instructional design theory for teaching concepts. *Review of Educational Research, 56*(1), 40–71.

van Merriënboer, J. J. G. (1997). *Training complex cognitive skills: A four-component instructional design model for technical training*. Englewood Cliffs, NJ: Educational Technology Publications.

van Merriënboer, J. J. G, & Kirschner, P. A. (2007). *Ten steps to complex learning: A systematic approach to four-component instructional design*. Mahwah, NJ: Educational Tehcnology Publications.

Vygotsky, L. (1978). *Mind and society: The development of higher mental processes*. Cambridge, MA: Harvard University Press.

链接

Indiana University site for instructional design theories and other resources: see www.indiana.edu/~idtheory/home.html.

Indiana University site for instructional strategies and technology use: see www.indiana.edu/~tltc/from_tltl/projects/strategies.html.

BusinessBalls.Com site on Kolb's learning styles and experiential theory of learning: see www.businessballs.com/kolblearningstyles.htm.

Penn State University site for instructional theories and other resources: see http://ide.

ed. psu. edu/idde/theories. htm.
Greg Kearsley's Theory into Practice database for theories related to learning and instruction: see http://tip. psychology. org/.
University of Colorado at Denver website on instructional design models: see http://carbon. ucdenver. edu/~mryder/itc/idmodels. html.
VARK website for Learning Styles Developed by Neil Fleming: see www. vark-learn. com/english/index. asp.

其他资源

Idaho State University Site on ADDIE: see http://ed. isu. edu/addie/Research/Research. html.
Instructional strategies based on research by Marzano, Pickering and Pollack: see www. tltguide. ccsd. k12. co. us/instructional_tools/Strategies/Strategies. html.
Kathy Schrock's guide and resources for educators at Discovery Education: see http://school. discoveryeducation. com/schrockguide/index. html.
Leslie Owen Wilson's Curriculum Pages and Cognitive Taxonomy: see www. uwsp. edu/education/lwilson/curric/newtaxonomy. htm.
Nadia Dabbagh's Instructional Design Knowledge Base with Instructional Strategies: see http://classweb. gmu. edu/ndabbagh/Resources/IDKB/strategies_tactics. htm.
Don Clark's website on Kolb's learning styles and experiential learning theory: see www. nwlink. com/~donclark/hrd/styles/kolb. html.
Saskatoon Public Schools website for Instructional Strategies: see http://olc. spsd. sk. ca/de/pd/instr/index. html.

第三部分
实践观点与应用实例

第十一章　技术创新和管理变革介绍

"每个人都想改变世界,却没有人想要改变自己。"

摘自列夫·托尔斯泰(1900)

1972年美国计算机协会ACM(Association of Computing Machinery)年会上,图灵奖获得者Edgars Dijkstra[①]发表了题为"Humble Programmer(智力低下的程序员)"的图灵奖演说,演说中埃德加提出一个惊人发现——计算机不但没有解决任何问题,反而引发了如何有效使用计算机的新问题。在这篇富有洞察力的文章中(文章参见:http: portal. acm. org/citation. cfm? id=361591),埃德加提出诸多导致这一问题的因素。当然因素之一是程序规模和复杂度的剧增;另一个因素已不为人注意,即程序员所使用的工具和技术很大程度上决定了他们的思维方式。工具和技术强烈地影响了我们的思维习惯。

教育技术也有如此境遇。我们使用强大的工具和惊人的技术来支撑学习与教学,并且新工具和技术不断地快速涌现。不仅如此,网络支撑下的低成本甚至零成本就可获取的学习与教学资源以更快的速度增长。简单地说,设计者和教师不得不面对如此巨大的支持学习与绩效的可用资源。根据埃德加的讲话精神,有人可能会说教育技术不但没有解决任何一个问题——反而引发了如何有效使用教育技术的新问题。过去到底是哪里出错了,而且将来教育技术专家如何更好地引进创新技术且更有效地管理创新技术以支持学习与教学?这些问题

[①] 即埃德加·狄克斯特拉:1930年5月生于荷兰,因最早指出"goto是有害的"以及首创结构化程序设计而闻名于世。他对计算机科学的贡献并不仅仅限于程序设计技术,在算法和算法理论、编译器、操作系统诸多方面都有许多创造,作出了杰出贡献。——译者注

都表明应采取一种系统的方法改变现状（例如参见 Ellsworth，2000；Reigeluth & Duffy，2008；Wejnert，2002）。

技术需求

正如任何干预过程，明智的做法是首先确定存在什么问题、关于技术使用和技术支持会遇到什么问题，然后根据这些信息确定特定需求。为了确定存在的问题以及可能的问题领域，应该考虑到所有利益相关方。在一个学校或者学区，利益相关方就包括教师、学生、家长、管理者和支持人员。在一个企业中，利益相关方可能包括员工、经理、客户和股东。

一旦确定了问题的优先级，就可以重述需求。例如，高中的一个问题是有相当数量的学生中途辍学。其原因可能是高中辍学的学生还没有做好成功走向成人的准备。学校的任务就应该是帮助学生准备成为对社会有贡献的一员，所以任务链就很清楚。需要做的是提高毕业率、降低辍学率。更进一步应该是以可以被量化的方式来说明需求，在这个案例中不难办到。这个案例应该开发、确定并且使用一种教学方法来确认可能辍学的学生群体，然后针对这些学生进行适当的干预（比如在个人自愿但没有压力的层面上与虚拟教学变革代理互动来处理动机和意志的问题）。当然，还存在许多其他可能性，这就使得教学设计和教学技术很具挑战性。从这个角度，各种各样的教育技术显著提高了教学设计的复杂性。

举一个军事训练的例子，大多数能完成校内一系列飞机维修课程的飞机维修技术实习生一般都不能在一架真正的飞机上完成一个简单的维修任务。问题之所以产生是因为在此之后会要求有经验的技师额外对他们提供一对一培训，结果却降低了技师们的生产率并且减缓了技师们的维修速度。这个军事单位的任务应该包括对所有的飞机维修做百分之百的准备，所以问题显然与单位优先级相关。需求就演变成帮助飞机维修技术人员做准备工作，从而使得他们在一架真实的飞机上完成常规维修任务。在这个案例中应该引进一种可能的技术干预，如引进飞机维修模拟器，它基于现代飞机并融入了训练课程，而非使用过时的真机。

不同的个人和群体可能关注不同的问题和问题范畴，所以考虑任务和目标、根据任务和目标确定问题的优先级、用可量化的术语明确相关需求，这些经常是有效的。像这样的一个训练或许需要重新审视和更正机构的愿景、任务、目标和价值陈述，但是这超出了讨论范围。问题的关键是在保证适应一种新技术之前，你应该了解问题，并且了解技术试图解决此问题的相关需求。理想的情况是，一个人也应该能很好地评价某种技术解决潜在问题和需求的水平。辍学率下降多少？大部分飞机维修技术实习生能否在一架现代飞机上完成常规维修？这种解决方案对教学设计者提出另一种挑战。建造一个互动的飞机维修模拟器可能相当昂贵，尤其是设计方便更新以适应飞机的升级换代的模拟器。鉴于飞机准备日益改善且从长期生产力来考量，成本会合理吗？教育技术的成本效益分析比以往任何时候都复杂（Levin，2001）。

技术准备

让我们设想一下，一个问题领域已经完全被探索，一种表达出测量的方面的需求也大致被表述，并且这种有前途的新技术也会如愿地在这种情况下运作良好。接下来就有人会问，对于这样的一种技术相关用户要如何准备呢？当然对于这个问题，依据情况和用户的不同而不同。相关因素包括类似技术的先前经验、是否愿意为新技术而考虑改变、用户参与确定问题和提出解决方案、关于新技术如何满足个人需求的观点等更多因素。

Rogers(2003)的创新扩散模型定义了五种用户群：

- 创新者（Innovators）：促进改革进程，不一定是这个用户群体中的成员，但是在改革意义沟通上一定是有效的。
- 早期采纳者（Early Adopters）：几乎总是愿意尝试新鲜事物，并且在这个特定的用户群体中有一定的影响力。
- 早期大多数（Early Majority）：做事一般深思熟虑，一旦改革的优势被清楚地凸显出来就愿意做出改变。
- 后期大多数（Lately Majority）：通常对变革或新理念持怀疑态度，只有当大多数人已经成为固定用户时他们才接受创新。

- 落后者(Laggards)：通常批判任何新事物并且不愿接受任何创新，即使当大多数人已经成为支持用户，他们仍会抵制很长一段时间。

图11.1描绘了Rogers(2003)认为的在一个特定群体中相应的用户群所起的作用。对于特殊的群体，其百分比可能会有所变化，但其中早期采纳者和落后者这两个用户群对促进改革进程起关键作用。

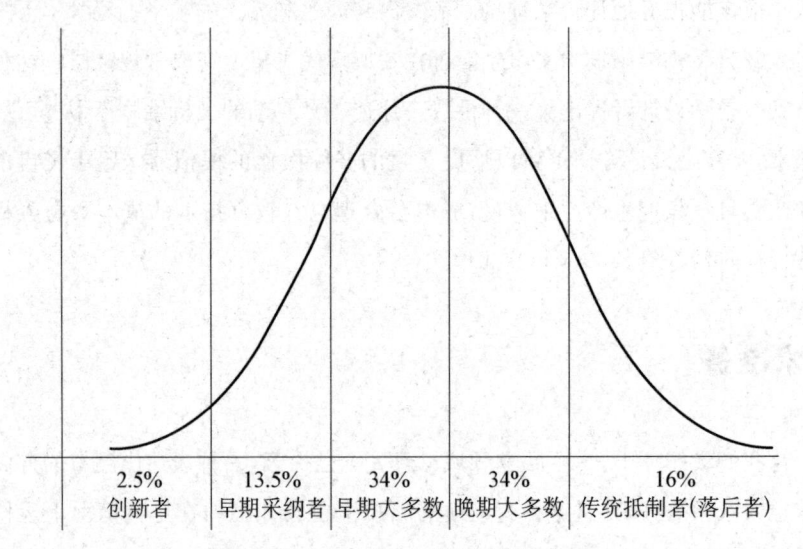

| 2.5% | 13.5% | 34% | 34% | 16% |
| 创新者 | 早期采纳者 | 早期大多数 | 晚期大多数 | 传统抵制者(落后者) |

图11.1　Rogers(2003)创新接受曲线

早期采纳者和落后者之所以对创新扩散的管理至关重要是因为这两个用户群中的任意一个既可以促进成功改革也可以阻碍成功改革。在这两个用户群中确定关键人物也很重要。方法之一是根据Rogers(2003)描述的各个群体的特征使用简易测量仪器以确定关键人物。

在创新推广过程中，早期采纳者可以通过多种途径发挥作用。他们可以作为内部倡导者，告诉其他使用者新技术旨在帮助或者促进解决哪些周期性任务。随着技术的传播，早期采纳者还可以作为其他成员的培训者，用这种方法也可以作为对甘愿走在技术创新前沿者的奖励；并且如果以这种方式，可以满足早期大多数使用者的一种需求——从这个群体中的同级别人身上得到鼓励而不是从这个群体中的上层领导人身上得到鼓励。

知道谁将可能成为抵制者也非常重要。如果早期采纳者的群体中包括一个强烈抵制者,这将不会取得预期成效,而且如果下一个目标群体——早期大多数中也包括抵制者时,同样不会达到预期效果。

落后者可以影响那些要么愿意尝试新鲜事物要么就退回原状的人,当我们准备引进新技术的时候,明智的做法是让那些有可能一直反对到最后的人不进行干涉,让他们清楚地看到此在整个群体内技术已经获得了牵引力。

根据 Davis(1989)技术接受模型,确定人们如何才可能接受或抵制一个新的信息系统或计算机技术,首先要考虑的是认知有用性和认知易用性。至于教育技术,广义上包括增强认知学习、教学任务和教学活动。图 11.2 描述了 Davis 的技术接受模型。

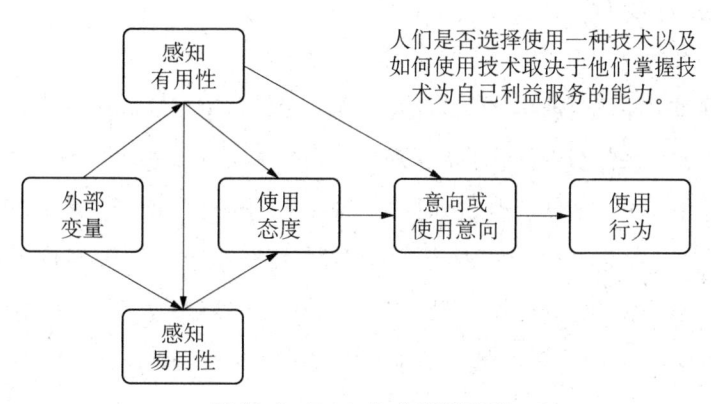

图 11.2　Davis 技术接受模型

技术部署

技术部署的主要目的是确定基本发展方针并吸引早期采纳者及早参与发展过程。技术部署因素有些不同于(虽有重叠)技术接受因素。接受基本相当于技术的使用行为,而部署则是使此技术可用。部署还包括基础设施和培训需求。需要部署的系统越大,规划部署就越是明智之举。开始时用一个实验组是非常有效的,可以检测出不可预见的问题,而且还可以在未对真正想参与的个体产生消极影响的情况下进行弥补。有些是直到第一步完成之后,技术需求才逐渐明晰,这也是先以早期采纳者中的小部分作为实验组开始的另一原因。

要部署一项新技术,有可能会涉及新术语。确保用户熟悉新概念、新术语也是部署过程的一部分,并且在用户接受过程中这是一个很重要的铺垫。根据Dijskstra(1972)提及的"Humble Programmer"(智力低下的程序员),一项技术的某种功能,可以影响我们对特定任务的思考和谈论方式。这种语言的发展可以支持接受过程,而且从 TPACK(technological, pedagogical, and content knowledge)的角度看两者都很重要。把计划、部署、接受、真实使用视为独立的、区别的环节,用全局观来把握每个环节并使这些环节紧密联系、相互影响,这样通常是更明智的(Spector & Anderson, 2000)。

对变革的管理

对变革的高效管理涉及持续评估可测的目标与迫切的需求间的契合度,并且确保收益持续证明变革成本的合理性。在改革的过程中,可以通过检验多项指标以确定一种技术创新的有效性。例如,如果技术包括教师在课堂中的行为,在学校层面上引进个性化学习就是一个案例,然后人们会考虑教师的出勤率、教师的缺勤率、教师抱怨或者向管理者投诉的变化。准确且尽早发现成功变革或失败的标识是必要的,目的是在创新传播的发展和接受阶段做出适当的调整。随着努力有了效果,记账及节约成本也是相当重要的。用户的周期性态度调查在确定难点时可能有用,并且这些调查可以指示何时为最佳发展时机(例如,从利用早期大多数使用群体到利用晚期大多数使用群体)。

尽管当一个策略行之有效时会出现许多时机,但一次性彻底变革通常仍然是不明智的。更典型地,安全起见应采取一种更温和的演变方式去变革。一下子重建整个教育世界是众多教学研究者和改革家之愚。然而,特殊案例可能是值得关注的,即一个改变一切的策略的确奏效。

此案例在之前的章节作为教育技术典型的挑战案例出现。在此作为一个需要用教育技术解决的实际问题出现。由于此案例无完整文件记载,所以是基于作者和案例参与者的回忆。美国空军学院(The United States Air Force Academy, USAFA)是航空工程的本科军事学院,任务是为空军军官做入职准备。在 19 世纪 80 年代发现大量一年级新入学学员选择了航空工程专业,等到这些学员已经达到了航空工程专业的课程要求时，他们又转换到其他专业。当问及原因，学员们明确表示仅是因为他们发现其他学科领域更有趣。美国空军学院航空工程的教学在过去的 20 年间几乎未曾改变。课程以讲授的形式，在相关的实验室里学生小组合作解决具体航空工程问题中的数学方面。此课程有一套标准的期末考试问题；20 年来期末考试也几乎没有反映出学生学业成绩的变化。有能按要求完成必修课程并获得优异成绩、没有改变专业且在毕业后仍表现优秀的同学，然而，使航空工程专业拥有众多毕业生的目标却没有完成。

问题是新学员并没有坚持航空工程的专业。这成为一个问题就意味着美国空军学院并未令人完全满意地完成它为空军军官做好职前准备的任务。需要做的是增加能坚守航空工程专业的学生数量。解决问题的方法是把课程彻底变为运用一系列交互式仿真的课程。统一的期末考试仍然保留，作为标杆学习的方式，目标是增加保留在航空工程专业的学生数量并且用标准期末测验的方法提高学习。这种教学方式完全改变了教师和学生的行为。当这些发生时，美国空军学院是发生巨变的理想场所，因为这里的大多数学生和教师被认为是技术变革的早期采用者，这可能是对新学员和教师有过筛选后的自然结果。无论如何，这种创新证明是成功的。虽然测试成绩并未发生重大改变，但航空工程专业的保留率却戏剧般地提高了。有人可能争辩说测试成绩没有提高是因为这个测试本身就是为传统课程设计的，不能测量出学员对解决航空工程问题更深层次的理解。

这里需要指出，管理变革是一个非常复杂且具有挑战性的任务。没有事先准备好能适用于所有情况的公式。一个人必须愿意尝试新鲜事物并且或许能一直改变自己。

测试你的理解

以下每个问题表述都暗示着它为什么是一个问题，以及涉及的目标和任务，把它转化为一种需求表述并暗含如何评价变革：

1. 问题在于大量的教师在第一个五年就放弃他们的教学生涯。
2. 问题在于高中毕业学生的阅读水平还达不到五年级的水平。

3. 问题在于给糖尿病人治疗的医生不能紧跟研究前沿,也不能推荐病人采用最新研究成果。

4. 问题在于公司培训项目培养的汽车维修员只了解一种汽车故障的修理,并且如果想训练他们维修多种汽车的故障,会使得大多数高级维修员搁置他们自身的工作。

5. 问题在于使用旧版操作系统的人知道如何升级系统,但是现在使用新的系统的人只能求助于非常有限的技术人员进行频繁、常规的系统更新。

一个有代表性的教育技术挑战

有一个大型的郊区学区普遍在多项指标上表现很好(例如高毕业率、低辍学率、高出平均测试分等),他们已经决定实施一种全新的教学方法——个性化学习。在个性化学习中,每位同学都会得到一个动态文件,可以追踪每位学生与州规定标准相关的每个教学单元的先前成绩,还有学生特质(例如腼腆的个性)以及学习风格(例如偏好以学习教材为导向的学习、相较文本更喜欢听觉解释)。此系统为每一位学生创建并管理个人学习计划。针对每一门课程,每三周或者四周把与标准进度保持一致的学生聚集在一起。学生自定学习进度并且在他们没有完全掌握这一门课程安排的教学单元前不会转到新的群体。系统拥有一个包含学习资源和学习活动的大型数据库,是基于个人文件专门为个别学生制定的。教师的角色是帮助学生解决他们遇到的问题。你们是课程和教学学区的副督学。你们的任务是针对小学、中学、高中各制订一个创新扩散计划。

学习活动

1. 确定并描述你回答以上问题时所考虑到的关键因素。
2. 确定并描述在实施过程中哪些关键因素有可能成为障碍。
3. 指出并描述所有以上确定的关键因素之间的关系。
4. 指出为了效果最佳地完成你的解决方案需要提供哪些额外支持。
5. 创建一个带注释的概念图,以反映以上四个任务中所提及的指标。

参考资料

Davis, F. D. (1989). Perceived usefulness, perceived ease of use, and user acceptance of information technology. *Management Information Systems Quarterly, 13*(3), 319–340.

Dijkstra, E. W. (1972). The humble programmer. *Communications of the ACM, 15*(10), 859–866.

Ellsworth, J. B. (2000). *Surviving change: A study of educational change models.* Syracuse, NY: ERIC Clearinghouse on Information and Technology.

Levin, H. M. (2001). Waiting for Godot: Cost-effectiveness analysis in education. *New Directions for Evaluation, 90*, 55–68.

Reigeluth, C. M., & Duffy, F. M. (2008). The AECT Future Minds initiative: Transforming America's school systems. *Educational Technology, 48*(3), 45–49.

Rogers, E. M. (2003). *Diffusion of innovations* (5th ed.). New York: Free Press.

Spector, J. M., & Anderson, T. M. (Eds.) (2000). *Integrated and holistic perspectives on learning, instruction and technology: Understanding complexity.* Dordrecht: Kluwer Academic Press.

Wejnert, B. (2002). Integrating models of diffusion of innovations: A conceptual framework. *Annual Review of Sociology, 28*, 297–326.

链接

Edgars Dijkstra's Turing Award Lecture entitled "The Humble Programmer": see http://portal.acm.org/citation.cfm?id=361591.

其他资源

The change management site located at ChangingMinds.org: see http://changingminds.org/disciplines/change_management/change_management.htm.

The *Journal of Educational Change* published by Springer: see www.springer.com/education+%26+language/journal/10833.

North Central Regional Educational Laboratory on leading and managing change and improvement: see www.ncrel.org/sdrs/areas/issues/educatrs/leadrshp/le500.htm.

Rosalyn McKeown's education for sustainable development toolkit: see www.esdtoolkit.org/discussion/default.htm.

第十二章 用技术教学

"用昨天的方法从事今天的教学那就是剥夺了孩子的明天。"

(约翰·杜威,1916)

由于技术的迅猛发展,你可能好奇我们为何能信心十足地谈及现在或者几年后我们会应用何种教育技术。此问题可以用本书前面章节的内容简单回答:(a)肯定有与新兴技术有关的新教育技术和新教学方法;(b)这些技术伴随着独特的功能可供性,让我们思考与谈论如何用技术支撑教与学;(c)为了充分利用新技术,可能需要在教育背景、学习者、我们自身方面促进变革。在不考虑具体的新兴教育技术的情况下,很难确定这些变革所需要的条件。所以,在具体的情境中,对如此重要的问题这是一个令人失望的回答。这个有些令人失望的回答可理解为"周全而灵活性没有"。而就是这种建议会让你花40年的时间去穿越本该在40天或者更短的时间内便可轻松穿越的沙漠。

因此,我们能够指望什么?这些论述都是站不住脚的,因为它们既没有理论支撑,也没有证据可以证明。或许我们可以参考摩尔定律(Moore, 1965)。集成电子的计算能力每两年就达到极限并快速下降。摩尔定律不是一个等同于重力定律的自然定律。我们可以合理地认为任何物体之间都有相互吸引力,与物体的质量成正比,而与它们之间的距离的平方成反比。现在,谈及在将来较长的一段时间的计算成本,我们可以考虑摩尔定律的一个说法,大致的意思就是计算成本按照每隔五年的时间顺序下降(Hellman, 2003)。假设计算成本和计算机的数量直接相关,我们可以想象2012年花费1000美元可以拥有一台个人电脑,但到2017年只需花费100美元,2020年花费10美元,也可能到2020年我们将会不再谈及个人电脑。

为什么拿摩尔定律举例？原因之一是想告诉人们，基于观察并且应用于现实的理论与应用于已存在的并且受许多复杂假设和混杂因子影响的事物之间还是有重要区别的，如使用环境、人的特性与差异等许多因素。提到摩尔定律第二个原因是希望对未被开发出的技术怀乐观态度。虽然过去的50年，我们已经看到了计算能力惊人地持续提高，但我们不该再期望在今后的50年计算能力还能以同样的速度增长。此外，当计算能力每两年增长一倍时，我们并没有看到学习效果或教学效率也能增长一倍。甚至许多教育技术专家的预言也未实现（Spector，2000）。在讨论更多实践问题前，我们先简单看一下这些承诺。

一些专家认为因特网将导致学校的消失，大量可用的在线学习资源将导致教师和教学设计者的消失。其他专家还怀疑个人平板设备和电子课本的出现会导致纸质书本的消失。学校没有消失，教师、教学设计者和课本也没有消失。虽然缓慢，但学校在改变，同样教师、教学设计者、课本和学习者都在改变。

多年来，许多教育技术倡导者所做的潜在承诺就是认为简单地接受一种技术并把此技术整合于教学就会给学习效果带来戏剧性的提高（例如一个或多个标准差）。这简直不可能发生，除非在一个非常孤立的情况下，并且这种情况不可能大规模复制。考虑这样一个情况：20世纪70年代首次引进智能教学系统（ITSs），在20世纪80年代和90年代进行实施和应用。智能教学系统包括：a)领域知识模型（要求有一个优质结构的知识域如LISP程序设计、初等数学或物理设备的操作）；b)每个学生的专业领域知识模型；c)教学模型（或导师模型）；d)双向通信系统（Corbett等，1997）。我们通常预期，一个智能教学系统（ITS）对学习能产生一个西格玛（标准差）的改进，相比之下，Bloom（1984）通过观察得出一对一的人工导学对学习能产生两个西格玛的改进。目前还没有证据证明此观点。尽管如此，许多智能教学系统已经开发，并且它在结构优质的领域和有较好支持的情境中可记录学习的提高（Corbett等，1997）。

以智能教学系统的方式用技术支持教与学，具有大量潜在收获。但重要的是要认识到智能教学系统不会淘汰教师和助教，也不会带来技术提倡者所预言的教育变革。1980年美国国防部高级研究计划局主持的高级学习技术相关会议上，有位杰出的教育研究者甚至把他的教学系统命名为非智能教学系统，以此来表明此观点。此研究的影响和智能教学系统领域的发展至今还明显体现在自适应系统、个性化学习环境和虚拟世界中。然而,大多数的预言未得以实现或兑现,反而从智能教学系统领域中衍生的产物对教育技术更有价值。例如目前关注的个性化辅导和形成性评价很大程度上归功于智能教学的发展。

实际应用

尽管技术有巨大潜力,但新技术还未完全应用于课堂和培训环境(Stewart等,2010)。为探索用技术教学的含义,有必要重新审视包括教学计划和教学实施在内的基本过程,考虑多种技术功能可供性和如何利用技术改善教与学。

教学设计和开发的模型和表征方式有许多,这些模型和表征方式一般统称为 ADDIE(analysis, design, development, implementation, and evaluation)模型(例如 Andrews & Goodson, 1980; Gustafson & Branch, 2002)。Tennyson 的第四代 ISD 模型(如图 12.1)是一个相当独特的模型,此模型关注具体的做法

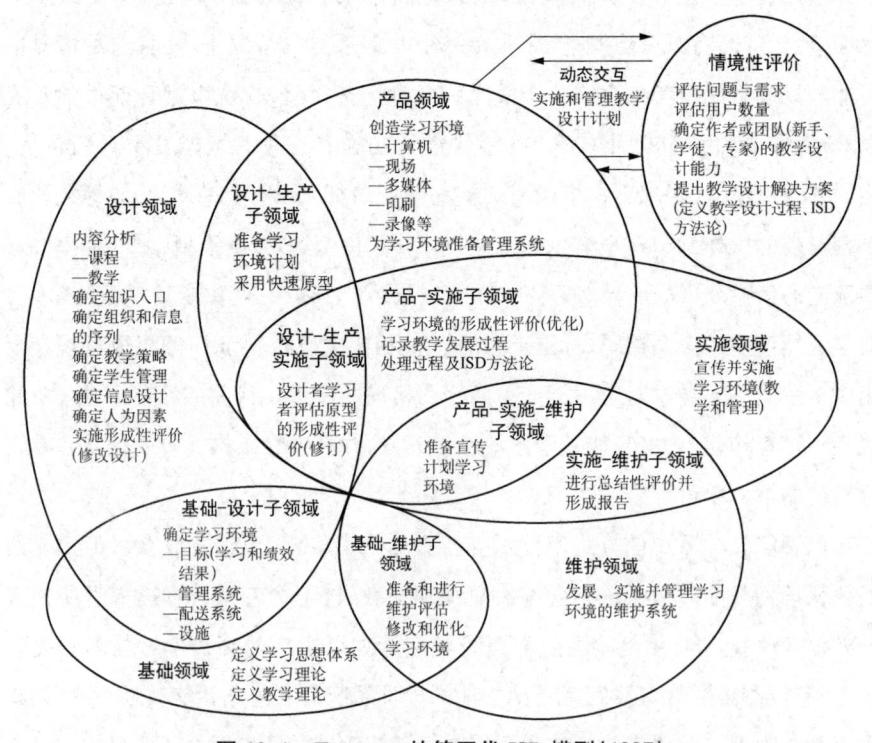

图 12.1　Tennyson 的第四代 ISD 模型(1997)

128　教育技术基础:整合的方法和跨学科的视角

而非上层的理想化过程。此模型利用情景性评价，包括问题的考虑、需求、用户、开发团队、资源可用性等。

不同于其他的设计和开发模型，Tennyson的模型描述了反映真实世界的多种集群活动中的诸多交互和重叠关注点。在集群活动的基础上，Tennyson说明了学习理念、学习理论和教学策略的重要性，在本书的先前部分都有所提及。在此模型中形成性评价是中心交叉点，因为形成性评价（决定了进展如何以及为了取得成功应处理哪些问题）会随着学习环境或训练系统的优化、成熟而发展，它必然是迭代的活动，进而影响实施过程的诸多方面。记住，Tennyson模型中的多种活动，尤其是情境式评价、基础性问题和形成性评价无疑将会帮助教学设计者、教师和培训师更有效地运用技术。

新的教育技术提供了什么功能可供性（affordance）？至于如何运用技术又提出了哪些问题？Gibson（1977）引进"功能可供性"一词，指的是一个对象使得某些行为有发生的可能。"功能可供性"一词是从认知心理学借用到对人的多种因素的研究中，并且找到了把它运用于教学设计和教学开发的途径，更多指的是感知有用性或感知某种技术的功能。人们经常发现某种东西的用途与设计者的初衷不符。例如，发明电子邮件不是为了支持病毒侵害电脑，是电子邮件的无意功能可供性或不良功能可供性造成的——最好谨慎处理并时常更新防毒软件。另一方面，证实不良功能可供性也是值得的。例如微软的PowerPoint软件设计用于商业展示，但也在小学课堂找到了用武之地，孩子们正在使用它的诸多功能可视化地展示他们的想法，Tufte（2003）评论小学生的使用往往比成年人的使用更具有创造性。

关于教育技术的功能可供性并没有详尽的分类和描述，由于技术变化频繁且巨大，很难想象怎样去描述。然而要创建一个框架以思考技术在教育领域的功能可供性，可以考虑与教学设计活动以及教学目的和目标相关的问题去检验此框架（见表12.1）。此外，相比关注理想化的过程或活动，考虑活动或人们的行为更有效。技术链接用户活动目的及相关用户活动是确定如何评价代替技术及其功能可供性的方式之一。除此之外，跟踪用户、目标、活动和一个特定的技术之间的联系也有助于确定潜在问题，至于其他多种技术也可能提出这些问题。在此假设不可能有一种技术适用于满足所有参与者的特定目标。当技术准备与学习和教学整合时,几乎总要考虑备选方案和问题。

表 12.1 添加了一个有趣的集群活动,讨论特定技术的功能可供性及其与教学目的和目标的结合方式。正如在此卷别处提到的,包括由于对现有技术快速地更新换代及新技术层出不穷的事实,某种技术只能存在很短的时间。

考虑到有效教学设计的复杂性、丰富的技术、各种各样可用的教学资源,对于所有相关者而言采用适当的技术有效完成教学任务是一种挑战。成功地用技术进行教学是没有秘诀的。重要的是灵活开放的选择,这需要仔细分析学生和教师选择并整合技术运用于教与学的情况及参与度。一些启示及挑战将在下文讨论。

学生影响

许多人讨论关于出生于 20 世纪 70 年代后期数字时代到来之后的"数字原住民"(Prensky, 2001)。这个讨论认为生于数字时代的人且从小就使用各种数字设备的人往往比生于数字时代之前的人(数字移民)更会思考并运用各种技术。相比于数字移民者,数字原住民更有可能成为新技术的早期接受者,进而可能更快地适应新技术。或许数字原住民,尤其是儿童早期就伴随着个人数字化设备成长的数字原住民在思考、学习、行为方式方面都不同于长辈。在对这样的差异和超级概括(mega-generalization)的表述中存在一定程度上的事实,因而他们的兴趣和期望因素应考虑在内。

既要考虑个别学习者特征又要概括性地预期数字原住民在教育和培训过程中拥有数字化学习支持工具和技术,这两种说法之间还是有些矛盾的。

表 12.1 教育技术支持的国家框架

角色/目标	活动/功能可供性	可能的技术	潜在的问题
设计者			
确定学习需求	行为认知任务分析	应用认知任务分析 ACTA (Applied Cognitive Task Analysis; Militello & Hutton, 1998)	很难通过用户形成认知需求水平

续表

角色/目标	活动/功能可供性	可能的技术	潜在的问题
评价资源质量	评价学习资源	学习资源评估工具LORI（Learning Object Review Instrument；Leacock& Nesbit，2007）	难以平衡先前教师与学生的质量差异
教师			
增加学生参与度	鼓励协作式写作	HyLighter（Lebow，2009）	需要团体教学技巧和一个共同分享平台
提供有价值的过程性反馈	评估学生学习过程	HIMATT（基于模型的高度整合的评价工具和技术；Pirnay-Dummer等，2010）	对复杂认知任务有用；需要成功案例教学和教师培训
学生			
理解长远计划	利用仿真支持决策	BLEND（一种专业设计工具，卑尔根国家发展的学习环境；Kopainsky等，2009）	学生要相信仿真模型实质上反映了现实世界的动态活动
发展元认知技巧	在复杂问题中提高自我调节能力	ePEARL（基于网络的、以学生为中心的、电子学档；Abrami等，2008）	要求教师和同学给予有意义的反馈；过于关注任务的认知方面而极少关注情感方面的支持

不是每一个出生在近20年里的人都是数字原住民。在现实中仍然存在数字鸿沟，分为准备进入数字信息并可用通信技术的人和对于数字信息和通信技术受限的人（Compaine，2001）。在此应注意避免过度概括（over-generalizing），尤其是关于学习者。为了关注学习动机和资源的可访问性，以及选择、安排、组织恰当的、有意义的学习活动，很重要的一点是对学习者要相当了解。

教师影响

许多对学生的考量也适用于教师。正如之前讨论关于创新扩散和早期采纳者所提到的,并非所有的教师都准备且自愿在教学中整合技术。不仅如此,当某些技术以自动化的方式简单代替了某种现有工作或活动时,又会要求教师改变他们与学生、学习资源的互动方式并且时不时地重新定义教师的角色。例如,细想某种技术实现了在线数据库的客观测试,形成了难度相当的不同测试卷,然后发布、监督、自动生成分数。教师可以出题,甚至可以把问题按照难度划分。然后系统会像在没有自动化支持下的教师一直在做的那样自动操作。假设在此情境下,教师认同这种客观测试,那不难想象教师会将这一系统视为生产力增强剂并大多会接受。这种情况下对教学的影响是最低的,那么培养教师或许会很顺利。

然而考虑这样一个例子:由于模拟患者的引进,护士培训正在发生改变。一些护士培训项目利用人类扮演病患,一些项目则是在培训课程中把护士引入真实医疗情景。病患模拟器提供许多支持;当他们投入初期资本时,病患模拟器带来的优势就会证明投资是值得的。在各种各样的训练场景中,病患模拟器会按照程序根据不同的疾病作出逼真的反应。结果将提供给护士受训人员各种各样的现实训练场景。然而,护士培训方面变革巨大,这对护士培训人员也有显著影响。首先,教学的说教方面将可能改变以便适应在病患模拟器进行具体交互的情境下可以引入基于知识的材料;换句话说,说教式教学有可能改变,可能减少说教式教学增加实践教学。因为新的培训环境将是高度经验主义的,所以教师或者培训人员有可能会更像教练和促进者。有效使用模拟器和相应调整教学技术都是需要大量培训项目进行培训的新技能。

19世纪70年代出现了可视化、Logo编程语言,许多人认为它们的出现将彻底改革学校的教与学(Papert,1980)。但改革并未发生。虽然有许多运用Logo语言支持各种教学活动进行创新学习的成功案例,Logo语言和它的继承者Lego-Logo语言对教与学只有一些微小且边缘性的影响。部分原因是Logo语言从未成为大多数教师的教学技能之一,而且它也并不太适应大多数学校的教育文化(见下章节)。另外,也存在不适当的培训和不恰当的对教师有效的专业发展。特别是教师也要在业余时间自学Logo语言,或者教师只是把Logo语言作为娱乐留给学生。Logo语言还未与各种教学活动和学习活动相整合。

总之,当引进一种新的教育技术时,考虑谁将会支持运用,尤其是教师、培训人员或导师,这点是非常重要的。以用户为中心的技术创新方法将涵盖在导致使用这一技术的决策和规划过程中的这些关键人员。确保技术创新的成功,必须优先考虑对教师及支持人员进行适当的培训。做这样一个培训,为已满负荷的职责中再增添任务这或许不是一个很好的方法,可能会产生怨愤,导致态度消极。相反,把教学人员和培训人员视为专业人员,向其介绍新技术反而可能会更好地整合新技术。教育技术创新传播成功的首要问题是对教师培训和专业发展提供充足的时间和支持。

教育文化影响

Bruner(1996)关于文化和教育确定了九条宗旨或原则,以下是简要描述:
1. 意义建构与情景和观点既是相对的又是相依靠的。
2. 限制意义建构有两个主要类型:人类心理功能和符号系统。
3. 个体建构现实感[回忆关于心理模型和维特根斯坦的讨论]。
4. 对教师而言教育是相互作用的,学生与教师进行动态交互,为积极学习的学生提供脚手架。
5. 在工作中进行讨论、辩论及进一步学习,这样可以外化所学知识。
6. 教育对学习者的社会生活和经济生活都是有所帮助的。
7. 学习是情境化的,是制度化的。
8. 教育产生认同感及自尊心。
9. 叙事产生凝聚力和归属感。

正如在序言中提到的众多主题中的任何一个,教育文化这一主题会专门用一卷或者更长的篇幅去阐述。Bruner(1996)认为对于这样一个尝试,教育文化当然是一个好的出发点。在文学方面,语言和文化的交融发展得非常顺利,这是对远程学习(包括世界各地的学习者)有兴趣的学者值得追求的(例如 http://anthro.palomar.edu/language/default.htm)。在《教育文化》的前言部分,Bruner涉及了哲学思想与文化的讨论。他把纯粹的认知与文化视角下信息处理的思想进行对比。前者关注个体及碎片化知识,反之后者注重共同体和互动群体内部成员的共享及为各种不同目的使用知识。Bruner和许多现代教育专业人员都采取后者的观点,认识到在文化的境脉中学习和教育往往是情境化。然而此观点使得分析和设计工作更复杂并更具有挑战，这个角度非常符合自然主义认识论——详细描述了人是如何认识进而理解世界的，并非推理如何处理知识（Spector，2012）。

测试你的理解

简要写出下列名词的定义或解释：
1. 功能可供性；
2. 早期采纳者；
3. Bloom的二标准差效应；
4. 迟缓者；
5. 摩尔定律；
6. 情景评价。

一个有代表性的教育技术挑战

一所著名的大学有教师培养计划，而你是这所大学教育学院的院长。教师培养计划的课程在过去20年内都相对稳定，课程一直未变，大部分的教学仍发生在传统教室环境中，此项目在四年级会安排一个实习，安排职前教师在附近的公立学校实习，由经验丰富的教师指导，之后面向全州进行标准化测试，即将毕业的教师们必须通过此项考试才能完成教师资格认定过程。州教育委员会近期召集各所公立高校的教务长及教育学院院长开会，公布了令人失望的保留新教师的数据、学生在州统一标准化测试中的表现，以及在过去两年内或滥用或不用由巨额购买的新教育技术设备的状况。教育委员会接受州长委派要改善这一情况，并且教育委员会目前正咨询多位教务长及院长，以期对改善在高校及大学教师培训项目中这一现状的做法提出具体建议。

学习活动

1. 确定并描述在制定上述问题情境的对策时需要考虑的关键因素。
2. 确定并描述在付诸实施过程中可能造成障碍的关键因素。
3. 指出及描述已确定的关键因素之间的相互关系。
4. 提出最好的解决方案应考虑怎样的额外支持。
5. 创建一个有注释的概念图,可以反映如何解决以上四个任务。

参考资料

Abrami, P. C., Wade, A., Pillay, V., Aslan, O., Bures, E. M., & Bentley, C. (2008). Encouraging self-regulated learning electronic portfolios. *Canadian Journal of Learning and Technology*, *34*(3). Retrieved on March 15, 2011 from www.cjlt.ca/index.php/cjlt/article/view/507/238.

Andrews, D. H., & Goodson, L. A. (1980). A comparative analysis of models of instructional design. *Journal of Instructional Development*, *3*(4), 2–16.

Bloom, B. (1984). The 2 sigma problem: The search for methods of group instruction as effective as one-on-one tutoring. *Educational Researcher*, *13*(6), 4–16.

Bruner, J. (1996). *The culture of education*. Cambridge, MA: Harvard University Press.

Compaine, B. M. (Ed.) (2001). *The digital divide: Facing a crisis or creating myth?* Cambridge, MA: MIT Press.

Corbett, T., Koedinger, K. R., & Anderson, J. R. (1997). Intelligent tutoring systems. In M. Helander, T. K. Landauer, & P. Prabhu (Eds.), *Handbook of human-computer interaction* (2nd ed.) (pp. 849–874). Amsterdam: Elsevier.

Dewey, J. (1916). *Democracy and education: An introduction to the philosophy of education*. New York: Macmillan.

Gibson, J. J. (1977). The theory of affordances. In R. Shaw & J. D. Bransford (Eds.), *Acting and knowing* (pp. 67–82). Hillsdale, NJ: Erlbaum.

Gustafson, K. L., & Branch, R. M. (2002). *Survey of instructional development models*. Syracuse, NY: The ERIC Clearinghouse on Information Technology.

Hellman, M. E. (2003). Moore's Law and communications. Retrieved on March 15, 2011 from www-ee.stanford.edu/~hellman/opinion/moore.html.

Kopainsky, B., Pedercini, M., Davidsen, P. I., & Alessi, S. M. (2009). A blend of planning and learning: Simplifying a simulation model of national development.

Simulation and Gaming, 41(5), 641–662.

Leacock, T. L., & Nesbit, J. D. (2007). A framework for evaluating the quality of multimedia learning resources. *Educational Technology and Society*, 10(2), 44–59.

Lebow, D. G. (2009). Document review meets social software and the learning sciences. *Journal of e-Learning and Knowledge Society*, 5(1), 171–180.

Militello, L. G., & Hutton, R. J. (1998). Applied cognitive task analysis (ACTA): A practitioner's toolkit for understanding cognitive task demands. *Ergonomics*, 41(11), 1618–1641.

Moore, G. E. (1965). Cramming more components onto integrated circuits. *Electronics*, 38(8), 114–117.

Papert, S. (1980). *Mindstorms: Children, computers and powerful ideas.* New York: Basic Books.

Pirnay-Dummer, P., Ifenthaler, D., & Spector, J. M. (2010). Highly integrated model assessment technology and tools. *Educational Technology Research and Development*, 58(1), 3–18.

Prensky, M. (2001). Digital natives, digital immigrants. *On the Horizon*, 9(5). Retrieved March 15, 2011 from www.marcprensky.com/writing/Prensky%20-%20Digital%20Natives,%20Digital%20Immigrants%20-%20Part1.pdf.

Spector, J. M. (2000). Trends and issues in educational technology: How far we have not come. *Update Semiannual Bulletin 21*(2). Syracuse, NY: The ERIC Clearinghouse on Information Technology. Retrieved on March 15, 2011 from http://supadoc.syr.edu/docushare/dsweb/Get/Document-12994/trends-tech-educ-eric.pdf.

Spector, J. M. (2012). Naturalistic epistemology. In N. M. Seel (Ed.), *The encyclopedia of the sciences of learning.* New York: Springer.

Stewart, C. M., Schifter, C. C., & Selverian, M. E. M (Eds.) (2010). *Teaching and learning with technology: Beyond constructivism.* New York: Routledge.

Tennyson, R. D. (1997). Instructional development and ISD methodology. *Performance Improvement Quarterly*, 38(6), 19–27.

Tufte, E. (2003). *The cognitive style of PowerPoint.* Cheshire, CN: Graphics Press.

链接

Palomar College site about language and culture: see http://anthro.palomar.edu/language/default.htm.

Tennyson's fourth-generation ISD model: see http://onlinelibrary.wiley.com/doi/10.1002/pfi.4140380607/pdf.

其他资源

A roadmap for education technology (NSF Study edited by Beverly Woolf, 2010): see www.cra.org/ccc/docs/groe/GROE%20Roadmap%20for%20E.ducation%20Technology%20Final%20Report.pdf.

The Concord Consortium website-Realizing the promise of educational technology: see www.concord.org/.

The New Media Consortium's 2011 Horizon Report on new and emerging educational technologies: see www.nmc.org/publications/2011-horizon-report.

第十三章　工作场所中的教育技术

"心灵岂不是由学与习而求得知识、而维持现状、而逐渐进步,由不学不习而一无所得、而忘乎所学?"①

(苏格拉底,选自柏拉图《泰阿泰德》)

近年来,学校情境中的学习与学业完成后开始的职场生涯之间已产生了巨大分离。诚然,在课外有其他与工作相关的学习,包括学徒制实习(apprenticeships)、在职培训和专业发展等。但即便有学习是终身的这个事实,现代社会的教育还是更多地与学校、学院的正规课程联系在一起,而工作则是教育之后做的事情。

然而,技术和由新技术带来的全球化正在改变这一特点(Spector & Wang, 2002a, 2002b)。根据美国教育统计中心提供的数据,1970 年在美国有大约 2 765 000 名半工半读的大学生(part-time college student);截至 2007 年,该数字增长为约 6 978 000 名;在此期间,半工半读的学生比例由 32% 增长至 38%(参见 http://nces.ed.gov/fastfacts/display.asp?id=98)。随着更多的学生边深造边打工,美国在校学生的平均年龄也在不断增加。美国统计局的报告显示,在 1970 年,35 岁及以上的大学生比例大约是 8%;到 2009 年,35 岁及以上的大学生比例已经翻了一番,高达 16%(参见 www.census.gov/population/www/socdemo/school.html)。这些数据表明传统意义上的工作与学习的边界正在消弭。

值得注意的是,这里所引用的数据可能造成误导。比如说,教育成本增加可能会迫使更多学生大学期间去打工,获得在线课程学习的机会也许能解释更多已工作的成年人追求更高教育的原因。无论怎样,这些指标的确表明了学习和

---

① (古希腊)柏拉图. 泰阿泰德·智术之师[M]. 严群,译. 北京:商务印书馆,1963.

4. 受过良好教育的人；
5. 终身学习；
6. 学习与工作之间的传统界限。

一个有代表性的教育技术挑战

　　一家小型制药公司雇用你作为一名教育技术专家，帮助他们将业务从过去20年一直从事的产品开发过渡到向专业人士或公众提供医疗信息。他们过去的产品是一种治疗成人糖尿病的药物，但该药物的专利已过期而且仿制的替代品占据了市场。不管怎样，这家公司对糖尿病治疗有非常丰富的知识和经验，尤其是在医疗服务提供者的市场运营方面。公司领导已经决定将重点放在医疗信息开发上，最初是有关糖尿病治疗的信息，然后面向医疗机构和公众进行信息营销。这一商业案例表明医疗服务信息提供者从药物广告商和医疗机构那里可能会获得丰厚的收入，可以通过给公众无偿提供大量信息来保证公司网站的高点击率，而这对广告商非常有吸引力。

　　你的任务是为这个小型家族企业设计企业再培训计划，使被裁和离职的员工减到最少。为了销售与以往不同的产品，培训首先将针对销售和公关人员，同时愿意留在公司的药剂师们也将接受培训，过去他们生产药品，而将来他们要"生产"有关糖尿病的信息。

学习活动

1. 在以上问题情境下你将如何去做？请明确并描述关键因素。
2. 你在开展工作时可能遇到哪些困难？请明确并描述关键因素。
3. 列出并描述你列出的所有关键因素之间的关系。
4. 列出应采取怎样的附加措施来保证你提出的解决方案是可行且在经济上是负担得起的。
5. 画一张带注释的概念图，反映完成前面四项任务时所做的工作。

参考资料

Hartley, R., Kinshuk, Kooper, R., Okamoto, T., & Spector, J. M. (2010). The education and training of learning technologists: A competences approach. *Educational Technology and Society, 13*(2), 206–216.

National Center on Education and the Economy. (2007). *Tough choices for tough times: The report of the new commission on the skills of the American workforce.* San Francisco, CA: Jossey-Bass.

Plato (1987). *Theaetetus* [Tr. R. A. H. Waterfield]. London: Penguin Books.

Rooney, D., Hearn, G., & Ninan, A. (eds.) (2005). *Handbook on the knowledge economy.* Cheltenham, UK: Edward Elgar.

Spector, J. M., & Wang, X. (2002a). Integrating technology into learning and working: Promising opportunities and problematic issues. *Education, Technology and Society, 5*(1). Retrieved on 6 April 2011 from www.ifets.info/journals/5_1/editorial.pdf.

Spector, J. M., & Wang, X. (2002b). Integrating technology into learning and working: Issues at the boundary. *Education, Technology and Society 5*(2). Retrieved on 6 April 2011 from www.ifets.info/journals/5_2/editorial.pdf.

链接

Creative Commons: see http://creativecommons.org/.

NCES Fast Facts: see http://nces.ed.gov/fastfacts/display.asp?id=98.

United States Census Bureau School Enrollment Data: see www.census.gov/population/www/socdemo/school.html.

其他资源

Center for Public Education: see www.centerforpubliceducation.org/Learn-About/21st-Century/The-21st-century-job.html.

European Working Conditions Observatory: Quality of Work and Employment in Norway: see www.eurofound.europa.eu/ewco/studies/tn0612036s/no0612039q.htm.

Partnership for 21st Century Skills: see www.p21.org/.

第十四章 设计有技术支持的学习环境

"好的设计应该与待处理的问题直接相关,而不是晦涩、新潮或时尚,这是一项原则,至少有时候是这样的。新的语言,无论视觉上还是口头上的,必须用人们已理解的语言表达。"

(伊凡·查马耶夫[①])

设计是关于如何才能最好地达到预期目标的基本说明。我们每天使用的诸多事物经过设计,才能使人们完成某项特定任务,有的使任务更简便,有时也会使任务完成得更经济(参见举例,Norman,1988)。简而言之,设计以各种产品和技术的形式影响着人们对世界的体验。因此,有关设计的著作卷帙浩繁,远远超过本书所能综述或总结的篇幅。即便我们只关注教学设计,教学设计也可以从一般设计领域学习和借鉴许多东西,内容仍然繁杂。在本章里,我们首先讨论设计的基本原则,然后基于这些原则思考何时需要设计系统和环境来支持学习、教学和绩效。

设计是目标导向的工作,事物经过设计是为了用起来更加称心如意。这个首要原则既适用于设计冰箱把手,也适用于设计计算机系统界面。因此,为人所用是设计时首先要考虑的,设计是一项以人为本的工作(参见举例,www.jnd.org/)。尽管这似乎显而易见,但"设计以人为本"蕴含着重要意义。首先,使用方式在最初的时候往往不清晰,人们的使用方式经常超乎设计者的预料。例如基于 Web 的学习管理系统原本用于组织课程资料和学习活动,却可能用于支撑项目团队这样的非教学目的。实际上,目前基于 Web 的主流学习管理系统已经

[①] 伊凡·查马耶夫(Ivan Chermayeff):多才多艺的艺术家和设计者,曾为包括美孚石油、渣打银行、施乐、美国国家地理杂志等知名公司设计标志。——译者注

被设计成既支持教学用途,亦支持非教学用途。开展一场有趣的课堂讨论活动或许能帮助学生辨识出其他一些事物,它们原本为某用途设计,但由于被用户改为他用而不得不重新设计。无论如何,以人为本的活动本质上存在着不确定性,特别是在与应用有关的境脉中。尽管或许可以通过进行广泛需求评估并让用户参与到设计中来减少这种不确定性,但它或多或少是存在的。这意味着在大部分情况下,设计是一种迭代过程——随着所设计的产品为更多用户使用,很可能要进行重新设计和反复修改。

为了明确需要遵循的设计原则,应简要探讨一下境脉与文化的关系。接下来的讨论将围绕用户(工人或学生)正态分布的概念,尽管这有些过于笼统。图14.1绘制了一条正态分布曲线,正态分布自然产生,并且在统计分析中非常有用。当处理大量用户(工人或学生)的数据时,可以设想或多或少会根据某些特征呈现图14.1所示的分布情况。分布的两个关键指标是均值(平均数)和方差(分布宽度)。对于正态分布,σ通常表示从平均值得到的标准差。正态分布中,大约68%的个体会分布在均值正负一个标准差内。

考虑设计时,设计人员可能只注意处于图14.1中C区域和D区域的人,这些人位于均值两侧正负一个标准差内。如果多花些时间分析用户的需求,设计人员或许可以覆盖那些处于B区和E区用户的需求,这样设计大概可以满足95%的用户需要。

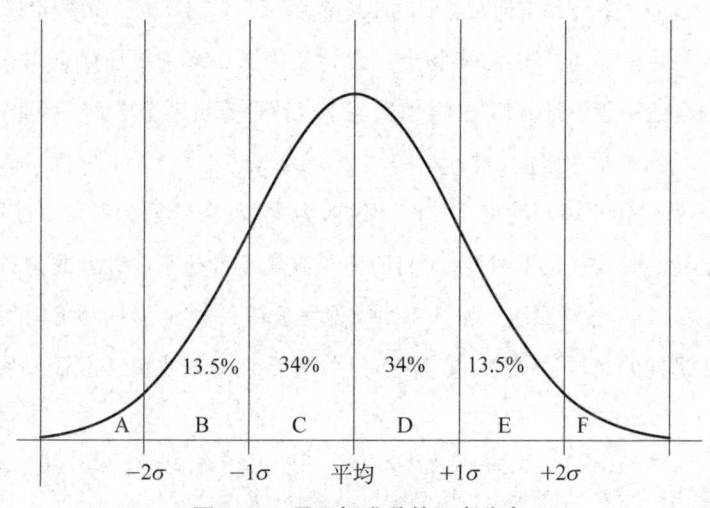

图14.1 显示标准差的正态分布

接下来考虑学生学习能力范畴内可用相关标准(例如,之前的成绩和测验分数等)来衡量的正态分布。课程的设计往往倾向于只满足处于 C 区、D 区或者 B、C、D、E 四个区域用户的需要。有人会说 A 区的学生(也许包括 B 区)无论怎样也无法掌握知识和技能,因此应把针对其设计课程所花费的时间和精力减到最少。还有人说处于 F 区的学生(也许包括 E 区)无论教学与学习活动如何设计,他们都能学得很好,因此也不会关注这些学生的需要。这些假设显然把设计任务简单化了,无论怎样,它们在设计过程中都有意忽视了某些学生。

接下来,我们再针对图 14.1,把企业和员工生产力作为关键变量来思考。当考虑潜在和实际的员工时,应假设他们的生产力呈正态分布。企业通常不应关注那些处于均值正负一个标准差内的 C 区和 D 区的人,相反,企业应注意避免雇用那些能力较差的员工(处于 A 区或 B 区),此外还应尽可能奖励并进一步激励那些拥有高效生产力的员工(处于 E 区或者 F 区)。

尽管有些过于笼统,但教育界和企业的侧重点的不同反映了诸多文化因素之一,这些文化因素在设计经过技术改良的学习、教学和绩效系统时非常值得考虑。

此外,谁是利益相关者也是一个值得关注的焦点。显然最终用户(学生和员工)是主要的利益相关者,如何改善他们的知识、技能和态度往往主导着设计。然而,在设计过程中,也应考虑其他用户和利益相关者,包括教师或培训师、评估和评价专家、计算机图像设计员、媒体技术专家、操作人员、管理人员等。对设计的评价会根据设计目标进行,因此确定设计目标至关重要。当考虑所有利益相关者时,学习表现和结果并不总是唯一的结果。显然,在设计时还应考虑成本、可获得性、易于维护等因素。

学校评分体系是经过设计的人工制品,绩效工资系统也是经过设计的人工制品。这些设计的预期目的是什么,又是为谁服务的呢?如何评价这些设计?如果这些系统并未实现预期目的,又该如何重新设计呢?这些问题并不容易回答。除了与设计相关的确认用户群体和文化复杂性问题外,设计往往还会产生出乎意料的结果,其中的一部分或许可以通过现场试验发现,但也很可能直到系统运转一段时间后才会浮现出来。无论怎样,易于修改这一特性在有效设计过程中是非常可取的。

National Center for Universal Design for Learning: www. udlcenter. org/aboutudl/udlguidelines.

其他资源

About e-learning instructional design principles website: www. about-elearning. com/instructional-design-principles. html.
CAST site for universal design for learning: www. cast. org/udl/.
Dan Calloway's instructional design principles: www. dancalloway. com/assets/Documents/instructionaldesignprinciples. pdf.
Charlotte Jirousek's art, design, and visual thinking website: http://char. txa. cornell. edu/language/principl/principl. htm.
Design Principles, Inc. website: www. designprinciples. com/.
John Lovett's design and colour website: www. johnlovett. com/test. htm.
Instructional Design website: www. instructionaldesign. org/.
Dave Merrill and colleagues' chapter in the 3rd edition of the *Handbook of Research on Educational Communications and Technology* on prescriptive principles for instructional design: www. aect. org/edtech/edition3/ER5849x_C014. fm. pdf.
Marvin Bartel's composition and design website: www. goshen. edu/art/ed/Compose. htm.
Rapid e-learning blog on graphic principles for instructional design: www. articulate. com/rapid-elearning/3-graphic-design-principles-for-instructional-design-success/.
Tanya Elias's journal article on universal instructional design principles published in the *International Review of Research in Open and Distance Learning*: www. irrodl. org/index. php/irrodl/article/view/869/1579.
North Carolina State Center for Universal Design: www. ncsu. edu/www/ncsu/design/sod5/cud/.
The Center for Inclusive Design and Environmental Access at the University of Buffalo: www. ap. buffalo. edu/idea/.
The European Design for All e-Accessibility Network: www. edean. org/central. aspx?sId=641160132713231259530 &lanID = 1&resID = 1&assID = 99&inpID = 3&disID = 1&famID=3&skinID=3.
University of Minnesota disability services website on universal design: http://ds. umn. edu/faculty/applyinguid. html.
University of Washington website for the universal design of instruction: www. washington. edu/doit/Brochures/Academics/instruction. html.

第十五章　活动与任务中的技术整合

"被视为理所当然或许是一种赞美,这意味着在另一个人的生命中你已经成为了舒适、可信的依靠。"

（乔伊斯·布拉泽斯[①]博士,美国心理学家）

教育技术整合成功的标志是成为用户促进学习、教学和绩效的工具,且用户并不为技术本身所吸引。如果人们关注的焦点从所用的技术转移到教育目的,那么技术便成了令人愉悦的、可以依赖的因素,这时可以认为技术被成功整合了。很少有人会仔细思考圆珠笔的使用,尽管其中的机械原理各有不同——有些是扭转,有些是顶部按钮,也有其他的不同构造。很多人对个人电脑的熟悉程度相似,但当然并非所有人都如此。新兴的技术在吸引着用户的同时也常常带来阻碍。只要用户的注意力在于技术本身,而不是如何用来促进学习、教学和绩效,那么就不应该得出技术已经被成功整合的结论——至少对于该用户来说是这样。

本书第二章中介绍了教育技术的六个支柱:传播、交互、环境、文化、教学和学习(参见图15.1)。技术整合尝试的一种思路是考虑所有六个支柱,这要求人们对教育有一个宏观、系统的观点,有本书(参见 Spector & Anderson, 2000)通篇都在强烈建议人们这样去做。在规划和实施一项技术增强的学习、教学或绩效系统时,若任何一个支柱被忽视,用户接受的就很可能是非最优的结果,并影响学习、教学和绩效。换句话说,技术整合可能是设计教育环境和教学系统中最

[①] 乔伊斯·布拉泽斯(Joyce Brothers),1927年生,美国著名心理学家、作家,被人们称为"电视心理学之母",2013年在美国新泽西州去世。——译者注

具有挑战性、最复杂的环节,这也是本书将整合从设计中单列出来的原因(尽管整合毫无疑问属于设计部分的重要因素)。在前一章中,从不同角度对设计的阐述似乎给人感觉设计的各个方面可以分开探讨,每一个不同的设计领域(比如信息设计、交互设计、多媒体设计等等)都拥有各自独立的研究文献以及记录下来的经验教训。

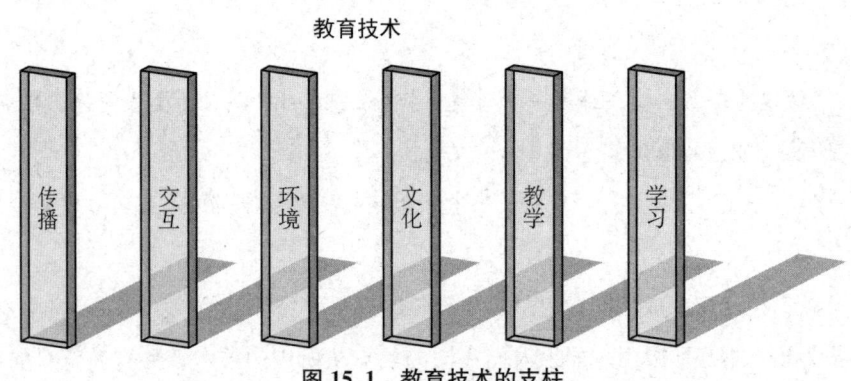

图 15.1 教育技术的支柱

技术整合与本书第十四章涉及的设计关注点中的各个范畴多少有些不同。从某种意义上说,当技术成为新系统的奠基石时一切都无法预料,且情况经常如此。正如在第十一章讨论的关于创新的推广,有许多不同类的关注点和各种各样的用户需要考虑。其中有些已经在前几章中讨论过(参见第五章、第六章)。在学校情境中,人们以"整合技术的学科教学知识"(technological, pedagogical, and content knowledge, TPACK)为题目进行技术整合。乔治·卢卡斯教育基金会(George Lucas Educational Foundation)设有一个网站专门致力于技术整合(参见 www.edutopia.org/big-list-technology-integration)。然而,它关注有效整合技术与教育需要各领域各层次中的问题。某些大学在教育技术整合领域提供高级学位和资格证书,且这类学习课程不局限于学校情境。诸如国际教育技术协会和国际培训、绩效、教学标准委员会等机构提供与技术相关的标准。美国教育技术传播协会和其他专业组织也提供关于有效技术整合的出版物。

总之,教育技术毫无疑问是一个重要、复杂且充满挑战的课题。那么我们应该关注哪些主要领域,我们应该如何做才能保证有效地将技术与学习、教学和绩效表现整合呢?

技术整合案例

为了促进这一讨论，我们首先思考一个具体的教育技术案例，该案例前文已经介绍过，即交互式白板的案例。交互式白板是一个与计算机相连的数字显示装置，允许通过白板而不是鼠标或键盘来实现数据输入和交互。这类装置如今在诸多公立学校、高校里十分普及，在各种商业环境中也很常见。将之引入学校的目的是为了促进学习者通过积极使用交互式白板参与学习内容。毫无疑问，在校生对于交互式白板十分着迷，他们喜欢成为与白板直接交互的一员。然而，许多教师仅仅将交互式白板作为一个投影装置使用，与学习者之间的交互很少（Kim等，2011）。原因有若干，包括允许更多学生互动需要花费更多时间，以及老师们要覆盖大量的知识点才帮助学生为规定的考试做适当的准备（Kim等，2011）。事实上，关于交互式白板的使用，教师们未必都受过良好的训练，他们没有认识到在一些情况下交互式白板既可以节省时间又可以增加学生的兴趣。总之，在许多学校情境中全套交互式白板的可用性已经被人们认识。交互式白板的发展支持了更多的分布式输入（比如从用户的个人平板电脑上输入），使用白板的文化发生了很大改变，课堂也被这一技术所变革，尽管这一情况还没有大规模出现。

第二个案例，我们来看一下文字处理。早期以硬件为中心的文字处理时代由于太过久远以至于被人们遗忘，例如具备很小缓存、允许更改或修正之前所输入内容的电动打字机。后来出现了可以存储更多文本的若干硬件设备（比如王安电脑1200型[①]）允许输入格式化控制的字体（加粗、斜体、下划线）。随着电脑的普及，以软件为中心的程序开始出现（比如 Unix vi 编辑器和 WordStar 软件）。起初，作为文本的一部分，可以在打字前选择格式化输入的字体，而现在我们有了功能完善的"所见即所得"（what you see is what you get）文字处理程序，并被广泛应用于众多不同的电脑。总之，文字处理在过去50年里突飞猛进，对于许多用户而言，文字处理已完全融入日常生活，在各类不同的写作活

---

① 王安电脑1200型：它是问世于1971年的专用文字处理机，在当时以性能卓越著称。——译者注

动中，成为我们熟悉的、令人愉悦的、可靠的伙伴。尽管一些用户仍需接受文字处理培训，但因为大多用户无须帮助便能轻松直接地掌握其基本功能，因此如今的文字处理培训往往关注某一软件程序的高级功能。无论怎样，仍有一些用户通过反复敲击"ENTER"键来转换到下一页，而不是使用软件提供的功能来实现。

第三个案例值得一提是因为其着眼于有效技术整合中培训的作用，即图形计算器的案例。由于图形计算器强大的形象化功能，以及其潜在地提升高层次数学推理能力的可能，纽约州强制在高中使用这一工具，并在高中毕业所必须通过的纽约州会考数学 B 考试中设有图形计算器的题目，这体现了世纪之交时十分重要的政策和课程设计决策。然而，尽管教师职前培训项目已充分涵盖图形计算器的使用，但在职专业发展中却还没有证明教师们已经充分达到使用图形计算器的最低水平(Gogus, 2006)。佛罗里达州立大学学习系统研究所也得到了同样的研究结果，在其他地方也同样存在着针对教师在教学中使用图形计算器的准备和培训不充分的情况。技术整合尝试失败的后果很可能导致这样的结果，即禁止在课堂中使用任何计算器，数学教学应该回到徒手计算的时代。这一改变可能的后果则是，学生对数学进一步研究的信心受挫。随着技术不断更新和向前发展，图形计算器的技术也在发展，在尺寸和功能上越来越类似个人平板电脑(比如 TI NSpire 设备)。同时，当今也出现了可以在任何个人电脑上运行的、功能强大、资源开放的动态数学软件(比如，GeoGebra；参见 www.geogebra.org/cms/)。随着图形计算器迅速被教师和学生接受和使用，而可形象化对于严密数学推理能力的提升具有重要的意义，我们可以展望这样一个结果，即不断改进的图形计算器的技术路线很可能类似于文字处理器。

技术整合的关注点

讨论至此，表 15.1 以问题的形式高度概括了在尝试技术整合过程中产生的各类关注点。当然还会出现许多其他问题，不同的基本领域又很容易被细分为更加具体的类别。这些潜在的分类会加深我们对许多问题以及技术整合复杂性的理解。

第四部分

不同境脉下的考虑因素

第十六章　多样境脉下的教育技术原则与实例

"词语的意义所在就是其用法。"

（路德维希·维特根斯坦①《哲学研究》）

词语本身没有任何意义，或可能具有不确定数量的潜在意义（维特根斯坦，1953）。许多现代语言学家认为，在特定语境或语言共同体中词语的用法决定了词义，即用法决定意义。就以"bank"一词为例，单独出现时，人们并不清楚它是名词还是动词。它可以指一个建筑物、河岸、倾斜且高低不平的道路，以及其他许多事物。即便呈现一个完整的句子，在不知道句子使用的语境或所陈述的内容时，其意义可能是不完整或者令人费解的。想想"take it to the bank"的陈述，这可能是对员工发出的一个指令，把一袋钱存入某个银行，也可能是确认之前的陈述已经很好地执行了，或许在不同语境下还可能构建其他隐含的意义。

对教育技术人员以及教学设计者来说，使用词语的语境会在很大程度上影响人们对经验的阐述及含义的构建。下文将对有代表性的、引人关注的主要教育情景下的六个基本领域作简明概述（参见第二章图 2.2）。此外，也将列出一些网站链接，举例说明那些开展良好的实践。由于仅给出了基本要点，这些章节是进一步讨论和探索的起点。

---

① 路德维希·维特根斯坦（Ludwig Wittgenstein, 1889—1951），出生于奥地利，20 世纪最有影响的哲学家之一，语言哲学的奠基人。其代表作《哲学研究》被认为是引导了语言哲学的新走向。——译者注。

K–12教育

显然,初等和中等教育的对象是处于生理、心理以及社会交往发展中的儿童和青少年。由于成长问题关系重大,因此在 K–12 教育的境脉中运用教育技术十分具有挑战性。

沟通与互动

在 K–12 教育情景中主要的利益相关者包括学生、教师、家长、学校和学区管理者。正如前文所指出的,当引入或开展创新时,与利益相关者的沟通始终是重要的考虑因素。在这一情况下,各利益相关者团体存在诸多重要差异,也有因为学科领域以及活动类型而造成的不同。典型的处置方法是聚焦于其中的某一两个群体——比如教师或学生——即便这两个群体也有很大差别。为不同群体的用户设计特定的沟通和互动策略是至关重要的。适合六年级学生学习地球科学的语言与适合教师开发六年级地球科学课程的语言大相径庭。学生与学习资料之间的互动方式与教师使用相同资料的方式也迥异。学生和教师都需要对材料非常熟悉,但其目的不同。教师需要理解学习材料,以便为学生提供恰当的学习支持、预估学生可能遇到的困难,并回答学生的疑问。而学生理解学习材料是为了掌握学习目标、证明能力已达要求,以及促进进一步学习。

环境与文化

K–12 教育的环境和学校文化多种多样。即便在同一学区中(甚至在一所学校中),也能找到差异巨大的环境和文化。在特定的学习情境中,班级内学生的组成对文化和环境将产生重大影响。一个学生人数超过 30 人的班级自然与少于 10 个学生的班级区别甚大。班级组成中有第二语言学生的与完全是母语学生组成的班级也是不同。大部分学习者的特点(例如性别、年龄、种族、母语、社会-经济地位、健康和身体条件、以往的成绩等等)以及学校对于这类差异的反馈方式是环境和文化的主要部分,而且学习就是在这样的环境和文化中开展的。

至于学习通常在班级整体、小团体或个体活动中发生则是另外一个因素。家长和管理人员也会影响学校文化。近几年,高度利益攸关的考试已经形成一种文化,这种文化聚焦于将学习解读为标准化的考试,教学则是如何让学生在这类考试中表现出色。当回应关于责任的问题时,这种关注狭隘的学习和教学的文化可能无法很好地满足学习者的需求,也令教师们非常沮丧。

教学与学习

在 K-12 的情境中,学习和教学通常在标准课程的境脉中发生,这与在校外开展的标准体系是一致的(比如国家机构、国家学校委员会等等)。教学通常针对的是那些或多或少界定清晰的目的、目标(或标准),而学习通常涉及全班(如教师主导的讲授和讨论)、小组(如课堂合作)和个体活动(如家庭作业)的综合运用。依据异质性(如不同水平、特点各异的学生)或者同质性(如根据天资禀赋分班、差异化教学等等),学生可被分组。无论学生个体的表现或意愿,进度通常由课程标准决定;针对那些在教学单元计划进程中落后的学生往往会提供补习机会;但针对学习进度快的学生则可能不再提供新的学习机会,而是让他们等着同学们赶上来。

虽然初等和中等教育看起来追求的是特定的学习目的,但是对教育技术人员及教学设计者而言还需牢记其他目的。公立教育的目的在于培养有知识、有责任感的公民。道德和社会发展与学习同样重要,这些都是首先需要考虑的目的。课程和教学设计者很容易忽视道德和社会发展,而仅仅关注内容和学习资料。家长及资助公立教育的人很可能对道德及社会的发展与知识学习和理解力的发展同等关注,这是很自然的事情。这就是为什么"价值观"处于教学涉及所需关注问题的顶层位置。(参见第二章图 2.1)。

K-12 教育的实例

基于网络的科学环境调查(Web-based Inquiry Science Environment,WISE;参见 http://wise.berkeley.edu/)是为 5—12 年级学生和教师所设计的在线科学教育资源库,任何人都可以免费加入。

沟通与互动

关键的利益相关者应该是组织内的员工与管理者，或者是组织外的人，甚至是公众。由于这些组织往往肩负着全球使命，那么互动中使用的语言以及互动的形式都应该仔细考虑和精心设计。那些在高度发达并组织良好的社会中能够良好开展互动的语言和形式，在只有最低基础设施的发展中国家里可能完全无效。当然，沟通与互动与其他基础领域密切联系，这一点通过前面章节的阐述和在第二章的讨论中显而易见。

环境与文化

当用户来自地球村各个角落时，难以对教学材料和学习环境在运用时的文化氛围与应用场景作出合理假设。如果提供教学材料的手段涉及智能手机设备，那么此时用户所处的使用场景就会有所不同。例如，用户独自在家，处于舒适、安全的环境中，还有稳定的网络链接，那么就应该设计更长的教学步骤。当学习者处于公共场所或在一个遥远的缺少稳定网络链接的地方，那么更适合采用相对较短的教学步骤。教学设计应尽可能满足大多数预期用户在多场景中的使用需要。

教学与学习

非营利性组织和非政府组织为各种类型的受众提供教育与培训服务。因此，除了本章前文对应章节所总结的那些，很难进行更多有意义的概括。或许值得强调的是，教学系统或学习环境发展越庞大、受众越广泛，针对所有利益相关群体进行全面的需求评价和需求分析就越重要。利用有代表性的最终用户来开发并检测早期原型也十分重要，这样才能避免浪费宝贵的开发时间和精力。提供关于有效性和影响力的可靠数据显然也会令赞助商感到满意。

非政府组织的实例

国际红新月联合会（International Federation of Red Crescent Societies）提供了许多免费课程，涵盖公共健康问题以及灾害预防与恢复。这些课程可以通过以下链接获取：https://ifrc.csod.com/client/ifrc/default.aspx。

测试你的理解

以下说法哪些是正确的,为什么?

1. 在美国的课堂上使用英式拼写并不会带来问题。
2. 韩国某堂课上使用的配色方案可以不经修改就应用于其他诸多国家。
3. 私人的开发公司在为政府机构开发课程时,即使没有获得事先许可,也可以使用官方的公章。
4. 如果在必要的辅导中没有评价,那么这个辅导仅仅是信息传递而不是培训。
5. 在为某部门设计、开发教学与学习时所涉及的知识和技能,能够很方便地迁移到其他部门。
6. 教学设计与开发往往由大学教授来实行。
7. K-12的老师通常在选择教学目标和学习材料上有很大的灵活性。
8. 基于掌握的学习在专业学院和综合性大学里最为普遍。
9. 在规划面向公众的教育技术应用时,应该把在各种境脉下使用统一的共同语言作为重点。
10. 50%的人会在所有情况下部分正确,部分人会在部分情况下100%正确,但不会有人在所有情况下100%正确。[1]

一个有代表性的教育技术挑战

正如本章曾简要讨论的那样[2],计算机安全正越来越明显地成为非常重要的问题。用户饱受计算机病毒的困扰并因此丢失了许多文件。鉴于此,应适当考虑明确政策改变以及对计算机用户开展培训。眼前具体的任务是根据原则起草计算机安全规划,既包括政策上的也包括培训中的建议。

学习活动

找一堂你可以理解其主题的初中或高中的写作课,将其重新设计,使之满足学院或大学中仍然为提高写作技巧而努力的学生们的需要。完成后，请列出你认为与重新设计课程最密切相关的因素，想想它们为什么是密切相关的。并解释这些因素之间是否有联系，它们是如何联系的。

注释

1. 鲍勃·迪伦(Bob Dylan)在歌曲 *Talkin' World War III Blues* 中表达了类似的观点。

2. 具体的章节被隐去，以便学生可以构思与其当前或预期的工作环境类似的境脉。

参考资料

Argyris, C., & Schön, D. (1996). *Organisational learning II: Theory, method and practice*. Reading, MA: Addison Wesley.

Collins, J. (2001). *Good to great: Why some companies make the leap ... and others don't*. New York: HarperCollins.

Spector, J. M., & Davidsen, P. I. (2006). How can organizational learning be modeled and measured. *Evaluation and Program Planning, 29*(1), 63–69.

Wittgenstein, L. (1953). *Philosophical investigations*. G. E. M. Anscombe & R. Rhees (Eds.), G. E. M. Anscombe (Trans.). Oxford, UK: Blackwell.

链接

ALISON website with access to a variety of free online courses: http://alison.com/.
Carnegie Mellon University's open learning initiative: http://oli.web.cmu.edu/openlearning/forstudents/freecourses/csr.
The International Federation of Red Crescent Societies and publicly available courses: https://ifrc.csod.com/client/ifrc/default.aspx.
WISE science education website: http://wise.berkeley.edu/.

其他资源

The Learning Organization website: www.infed.org/biblio/learning-organization.htm.

The Open Learning Initiative: http://oli.web.cmu.edu/openlearning/.

The Open University's free learning website called OpenLearn: www.open.ac.uk/openlearn/?gclid=CO6MyZu_sKgCFQpm7Aodd2biIw.

术语表

Affordance 功能可供性：通过技术实现的可能性。

Andragogy 成人教育学：专门针对成人学习者的学习和教学理论及方法。

Assessment 评估：确定个体在某项学习计划中的进展或进步的过程；评估可能是形成性的，关注提升学习者的表现与理解能力；评估也可能是总结性的，着眼于报告个体的表现和理解力水平。

Behaviorism 行为主义：一种学习理论，其在解释和预测学习时仅研究可被直接观察到的事物，诸如人的行为以及围绕这些行为发生的事件。

Cognition 认知：与学习和获取知识有关的思维过程。（例如：感知觉、注意力、判断力、推理能力）

Cognitive apprenticeship 认知学徒制：一种教学设计框架，认为学习者在获得能力和自信的同时，对于显性的学习支持的需求逐渐减少。

Cognitive developmental theory 认知发展理论：随着人的成熟，有关他或她所自然经历的渐进的发展阶段的理论。（参见皮亚杰，1929，1970）

Cognitive load theory 认知负荷理论：在设计有效教学时，首先要考虑人短期记忆的局限性。尽管内在的认知负荷是学习任务所固有的，但应尽量避免外在由不必要的干扰项引起的认知负荷。

Cognitive social mediated theory 认知社会中介理论：社会与文化因素，特别是语言在认知发展过程中扮演关键角色。（参见维果茨基，1978）。

Cognitivism 认知主义：一种学习理论，探索人类感知觉和信息加工方式，并依此来解释和预测学习。

Communication theory 传播理论：一系列用于表征、转化、接收和加工信息的理论、模型、原理和规则。

工作之间的界限愈加模糊,这可能是,也可能不是一件好事。

从积极的角度看,两者间正在消失的界限表明对终身学习重要性的认识和社会认可。技术通过广泛可达的在线课程及个性化教学,使得成年人比以往任何时候更能够根据个人兴趣和专业目标来继续接受教育。工作的同时进行深造成为令人向往的社会自身的目的。无论受教育者的年龄如何,人们普遍认为教育有益,都是如此。2006年,挪威的法律将继续教育恰当地概括为社会利益。根据该法律,挪威公民在企业中工作满三年便有脱产或兼职工作的权利,最长达三年。其他欧洲国家也有各自的规定为继续教育提供保障(参见 www. eurofound. europa. eu/ewco/)。

雇主们可以利用远程学习技术和基于工作场所的培训来保持劳动力的精湛技艺和适应性,或许这也是一种可取的社会公益行为。一个劳动力受过良好培训和教育的社会很可能是一个富有成效且生活水平很高的社会。不管怎样,对特定的雇主而言他们的收益在于,由于技术精湛的工人的存在,其他工人要么离开工作岗位,要么不得不去接受并非与其兴趣相符的培训和发展。从全球性市场角度看,社会也对创新和富有成效的组织、机构给予很高的评价。

从消极角度看,学习和工作的界限模糊使得人文科学教育在工业化和全球化经济背景下的价值和地位出现问题。以前阅读伟大经典著作的人(例如,荷马的《奥德赛》、希罗多德的《历史》、柏拉图的《理想国》、亚里士多德的《物理学》、欧几里德的《几何原本》、但丁的《神曲》、乔叟的《坎特伯雷故事集》、笛卡尔的《方法导论》、牛顿的《自然哲学的数学原理》和海森堡《量子论的物理学基础》,数不胜数,这里仅列举了一部分)会被认为受过良好教育并准备成为现代社会领导者。1919年John Erskine在哥伦比亚大学最先开设了"名著课程"(Great Books Program),该课程在20世纪20年代随着厄斯金转校被引入芝加哥大学。现在仍有一些大学课程是围绕名著开设的,比较著名的有马里兰州安纳波利斯和新墨西哥州圣塔菲的圣约翰学院(St. John's College)。当下,选名著和人文学科课程的学生越来越少。或许可得出这样的一个结论,受过良好教育的标志正在改变。现在,受过良好教育的标志可能包括洞察国际事务、对于各类不同的社会问题能用科学的观点去分析、精通最新的数字技术等等。

尽管对于良好教育进行讨论并给出定义已经僭越本书的范畴,但仍值得注意的是,与新兴数字时代相结合的技术正在改变社会及其价值观。人们高度赞许的不再是背诵一套事实——因为任何人都可以在网络空间的某处找到并确认或者驳斥那些事实——而是看重批判推理的能力、在复杂问题解决情境中清晰思考的能力。人是问题解决者——有史以来这就是真理。历史上人们所面临的困惑和难题,在新兴数字时代似乎仍随处可见。圣经中的亚伯拉罕[①]不得不解决一些挑战性的难题,比如,据说亚伯拉罕听到一个声音这样说道:"起来,到远方去。"他肯定疑惑不解,为什么他要去远方,在那里他又能找到什么? 后来,同一个预言性的声音告诉亚伯拉罕带着刀和他的独子去摩利亚山,把他献为燔祭。毫无疑问,这给亚伯拉罕出了个棘手的难题。

尽管像亚伯拉罕面对的这些困难自古有之,但当今社会同样有很多具有挑战性和复杂性且更具技术性的问题有待解决。例如,专利和版权通常用于保护知识产权,并鼓励创新和创造。然而,这也限制了新观点和信息的获取及使用。在数字化时代,一切都发展得很快,越来越多的创新者愿意在没有充分收益和专利版权保护的情况下分享其观点和信息。信息与通信技术在提供迅速传播功能的同时也带来了挑战。这些挑战包括核实通过互联网获取的信息以及重视他人的知识产权。知识共享组织就是一个试图部分解决这个问题的团体。(参见 http://creativecommons.org)

21 世纪的技能

接下来我们转而讨论前文提到的问题——就业和生产力决定教育的价值。培养独立的思想家和培养技艺娴熟的工人这两个目标之间必然存在冲突。过去,特别是在欧洲,高等教育分为双轨制:其一专注于职业和技能培训,其一专注于艺术和科学学术。至今世界范围内仍有许多高等教育机构在重点开展这两种教育之一,而且这样的教育机构很可能会继续存在一段时间。然而,21 世纪的发达国家越来越重视帮助学生为就业做准备,尤其是为那些可能使社会繁荣高效的工作做准备。

哪些技能与这类工作有关呢? 我们最先想到的可能是针对特定信息处理的技能以及通信技术,例如对某一特定问题运用互联网查找、核实以及综合的能力,

---

[①] 亚伯拉罕:圣经中的人物,因他完全地信奉上帝,并无虚假,所以被称为"信心之父"。——译者注

或者迅速创建一个易修改、可广泛获取并高度移植的视觉再现。就这点而言，一项有趣的课堂练习首先要呈现或提出一个问题情境，然后引出所有相关知识和技能，这些知识和技能是专业机构为了获得问题情境下的满意的解决方案所必需的。接下来，可以设想一场关于高校是否帮助学生做好准备获取必要的知识和技能的讨论，结论可能是部分肯定部分否定——针对不同人群，细节很值得深思。

起初，有人会说重要的21世纪的职业包括通信工程师、经济师、工程设计人员、环境企划师、医学专家、网络技术人员、心理治疗师（因为技术很可能让人发疯）等等。尽管这些受人尊敬的职业都需要特定领域的知识、技能和训练，但在21世纪工业化、全球化的世界里，的确存在着一系列打破职业界限，且与职业发展和成功紧密相关的技能。与特定领域的技能相比，后面这些更加通用的知识和技能通常被称作21世纪的技能。

全球知识经济是一项被广泛认可的进步，其特征体现在诸多方面（参见Rooney等，2005）。全球知识经济可以简略概括为诸多因素协调与融合的结果，这些因素包括强有力的信息与通信技术、知识工程方法、基于数据库和证据的规划与决策、全球新兴市场等。由此产生的经济环境中，企业必须足够灵活且不断创新才能保持竞争力，这也需要工人能够适应工作要求变化并能够快速学习新技能。知识型员工应具备多元素养，包括数字素养、信息素养、直观接受能力和技术素养。此外，成功的知识型员工应该是富有创造力和批判思维的思考者，并具备良好的沟通和自我调节能力。

出人意料的是，21世纪的技能注重独立的高层次推理技能，而教育家和学者长久以来一直在争论这些是否应在"校本课程"中加以强调。根据21世纪技能之间的关系，可以将其概括为以下三类不同的技能（参见 www.p21.org/），如表13.1所示。

表13.1 21世纪的技能概览

学习与创新技能	创造力与创新性 批判性思维与问题解决 沟通与合作能力
信息、媒体和技术技能	信息素养 媒体素养 信息通信技术素养

续表

	灵活性与适应性
	主动性与自我导向
生活与职业技能	社交与跨文化技能
	生产力与责任心
	领导力与工作职责

对 21 世纪的教育者和管理者而言,培养学生和工人的这些技能是巨大的挑战。让学生参与解决实际问题是培养技能的一个步骤,培养解决问题和做决策时的科学态度(例如衡量证据的态度、承担风险、重视质疑既定的认知,以及挑战被认为是显而易见的事物)是教育目标的本质。

全球知识经济的发展显然对高级学习技术(advanced learning technology,以下简称 ALT)领域内工作人员的职业规划产生巨大影响。Hartley 等(2010)开展了一项三年研究来揭示这些影响,并设计了如图 13.1 所示的框架。

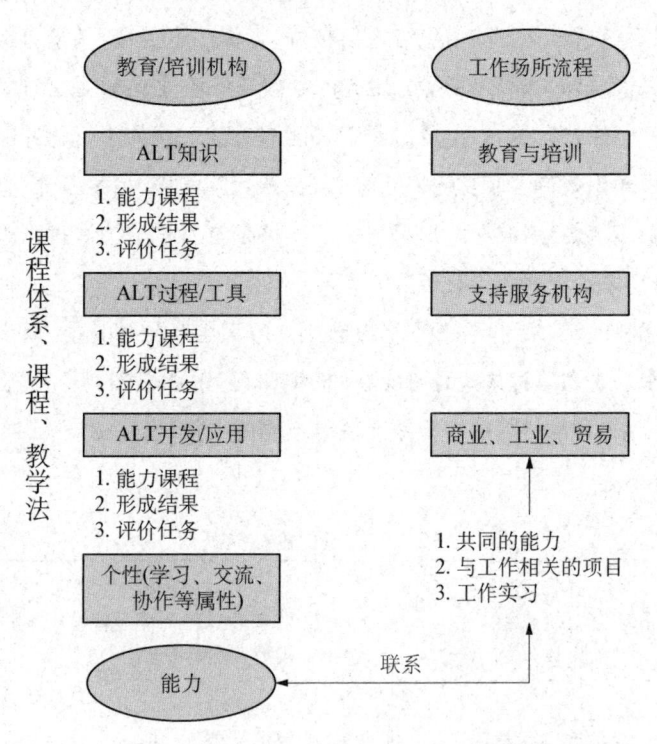

图 13.1　研究学习技术的 IEEE 技术学会(IEEE Technical Committee on Learning Technology)关于高级学习技术新课程的报告

Hartley 等人参与的研究小组从能力的角度,将能力定义为执行任务和完成工作所必须的相互关联的知识、技能和态度的集合。在三年时间里,研究工作由五名专家组成的小组开展。经过一系列专题小组讨论,与工业界和教育界专家座谈,并开展多次调查后,专家小组明确指出了在 ALT 课程中应涉及 13 项主题。对于教育和培训 ALT 领域内的专业人员,这些主题可分为五个领域,如表 13.2 所示。专家小组推荐的 ALT 课程中的 13 个主题如下:

1. ALT 简介;
2. 人类学习简介;
3. ALT 的创建、演化和发展;
4. ALT 技术与关键方法;
5. 从用户视角看 ALT;
6. 从学习者视角看 ALT;
7. 从系统视角看 ALT;
8. 从社会视角看 ALT;
9. 设计需求;
10. 设计过程和开发生命周期;
11. 教学设计:学习目标方法;
12. 评价:模型与实践;
13. ALT 中的新问题。

表 13.2 ALT 的五种能力范围

知识能力	学习理论、教学法、实验设计、社会热点等
处理能力	运用信息通信技术进行教育和培训的技巧
应用能力	在教育和培训中应用 ALT 技能(例如教学设计)的技巧
个人/社交能力	自我调节能力,沟通能力,合作能力,等等
创新/创造能力	运用新技术以创新的方式解决教育和培训中的问题

ALT 教育与培训课程究竟在多大程度上会全部或部分采用研究学习技术的 IEEE 技术协会关于学习技术的建议,这还有待观察。基本上,该技术协会的

建议与各种关于21世纪技能的报告均相符,而且是对培养能在21世纪工作的拥有高级学习技术专业人才的详细说明。

工作场所中的教育与培训

随着在工作场所情境中引入新技术应用成为常态,在工作情境中开展培训在今天已十分普遍。此外,不断进取的企业鼓励其员工在工作时间参加远程教育,不同的企业有不同的方式开展基于工作场所的教育与培训。当需要一对多或多对多的通信手段时,一些企业会使用基于因特网的视频会议系统,部分技术允许共享屏幕,而且支持多种方式的协作。

当涉及新的计算机技术和云计算技术时,培训往往采用单独辅导的形式,或者工人们使用个人工作站参加在线研讨。有时在引入操作设备或解决复杂问题的新程序时,会采用交互式仿真来帮助工人们掌握技能,但交互式仿真系统开发成本高,因此通常只有在很多人参与或涉及贵重仪器时才会采用。如今随着个人平板电脑(如 iPad)的使用,培训几乎可以通过因特网或手机在任何情境下开展。

伴随工作场所中的培训与学习出现的担忧是时间问题,工人们参加工作场所中的培训就不能完成他们的日常任务,不幸的是,部分雇主并不会减少参加培训与教育的员工们的预期工作量。尽管有这样的担忧,随着企业不断希望提升员工的技能,工作场所中的培训与教育很可能会以各种创新的方式扩大和发展,而且工作中的培训总有恰如其分的好处(National Center on Education and the Economy,2007)。

测试你的理解

简要定义、描述或举例说明以下术语:

1. 能力;
2. 21世纪的技能;
3. 基于工作场所的培训;

经过设计的教育实体

经过技术改良的学习、教学或绩效系统中的设计有许多部件。典型的部件包括人机交互界面、内容材料与媒体对象、评价与用户反馈、求助系统,以及针对教师、培训人员和学习者的用户手册、报表等等。每一个部件都有其原则来指导如何进行有效设计。此外,部件内部和部件之间的一致性对于有效设计也至关重要。表14.1列举了若干在设计各种实体时有代表性的需要注意的范畴。当面临关键的设计问题时,开展设计的每个范畴都存在值得探索的有意义研究和经验教训。

表14.1 教育实体与相关设计关注点

实体分类	有代表性的关注点	设计重点范畴
人机交互界面	人与系统部件的互动	易用性与人性化;通用化设计
内容材料及支撑资源	内容的一致性与明确性	消息设计;通用化设计
评估与评价	对过程及时的、有信息量的、公正的判断	目的、目标、行动、衡量标准的一致性;通用化设计
用户反馈	关于使用和活动的有意义的反馈	个性化且符合实际的消息;通用化设计
求助系统	及时并能满足用户所需的支持	不引人注意但随时可使用的求助系统;通用化设计
用户手册	针对终端用户的系统使用说明	针对用户的全面且容易获取的信息;通用化设计
报表	为各利益相关者提供系统使用的数据和信息	有关系统使用情况及时且灵活的报表;通用化设计

通用化设计在表14.1中的每行都有所提及,它是一种设计理念,着眼于所设计的系统或环境能够避免大多数用户特别是残障人士可能遇到的障碍(Pliner & Johnson, 2004)。就像经过设计的坡道为乘坐轮椅的人进入大楼提供方便那样,也要让有特殊需要(例如视觉或听觉受损者)或文化背景不同的人能够有效使用经过技术改良的学习、教学或绩效环境,这点在设计时要特别注意

(参见 www.udlcenter.org/aboutudl/udlguidelines)。

设计原则

目前有许多优秀的关于设计原则的资料来源(参见本章后面的"其他资源"部分,也可参见 Merrill 等,2008；Norman,1988；Preece 等,2002；Richey 等,2011)。下面简单解释一下高层次且经常被引用的十条关键设计原则,可以通过一项有意义的学习活动来展开并详细阐述这些原则。

1. 能够且必须评价所设计的内容。基于问题境脉和预期目标进行全面分析来制定可以衡量的设计目标。

2. 设计以人为本。应仔细考虑那些即将使用教学设计和学习环境的人,考虑他们不同的知识、能力、兴趣、动机、可能的使用方法、使用的地点；在分析问题以及设计过程的关键阶段,让广大预期用户参与进来。

3. 设计由用途与目的驱动。在建筑界,这条原则通常称为"形式服从功能"。

4. 设计必须在认知上有意义。换句话说,设计的预期用途与目的必须清晰直观。

5. 设计必须在感知上吸引人。也就是说,设计应呈现平衡、比例匀称、重点突出等因素使得作品清晰明确,并对可能的使用者有吸引力。

6. 设计须具有一致性。需要重复的内容应出现在熟悉且能够预料到的位置,字体等元素也应保持一致；其他重复项目的设计应始终如一,以便帮助用户理解设计的预期用途及重点。

7. 设计应易于修改。教学设计很可能会根据不断的评估和用户反馈而更改,修改设计的过程应相对简单明了。

8. 设计过程应考虑更广泛的境脉与文化。只考虑教育环境或教学系统周围的境脉与文化实在是过于简单,忽视这个问题会产生令人不解的活动并对预期造成误导；根据学习领域的通用化设计原则,设计应包括多种形式的呈现与互动。

9. 设计过程应包括发布之前的用户测试和现场试验。为了发现设计中的问题和非预期使用,有必要与有代表性的用户进行互动并为其提供原型或早期版本的反馈。

10. 设计是同时具有创造性和工程性的工作。有人可能认为设计主要是创造活动，但忽视了设计的工程性会导致在实现预期目的方面只能找到次优解。还有人认为设计主要是工程，但忽视了设计的美学部分会导致设计令人厌倦而毫无吸引力。创造性与工程型的平衡很可能会带来有意义且有效的设计。

设计失误

违背基本设计原则并创建非最优的学习、教学或绩效环境的情况数不胜数且类型繁多。下面列举六个研究和实践中的事例来说明类似情况会使事情变得很糟。

1. 仅仅为了能够完成且吸引设计者就创建一项新功能是错误的。在某案例中，程序员不但采用更浅的字体来隐藏计算机界面中不可用的菜单选项，而且还把这些选项弄得模糊不清。此时的程序员热衷于技术而在浅色字体中设计了两种图像，互相干扰导致两者作用相抵消，结果就是屏幕上出现了模糊的文字图像。但是从用户角度而言，肉眼会自然而然地被吸引到这些模糊图像上来，并会努力分辨它们到底是什么字。这种行为有其认知心理学原理——人们会自觉分辨和理解他们所遇到的事物。原本打算使用户忽略模糊的文字，结果却适得其反，用户自然而然地被吸引到它上面。可见，巧妙的编程方法未必带来有效的设计。

2. 当数字媒体在20世纪80年代变得司空见惯时，一些设计者认为在播放重要文本的音频剪辑时同步在屏幕上滚动该文本十分巧妙且吸引人。尽管多种呈现形式总是有效而且能够为残障人士提供方便，但在本案例中结果却是失败的。原因是大部分人的阅读速度比通常的朗读速度快，所以当用户阅读滚动文本时，朗读的声音在文本被阅读之后才出现，这会导致认知干扰和理解不全。

3. 为了培训医疗技师，人们设计了基于电脑的教学课程，每块屏幕上都有一个加亮突出的单词或短语。当一两块屏幕显示文字或图像后，会提问一到两道多项选择题。而正确答案往往是那些加亮突出显示的单词或词组。用户很快就可以发现这一规律并不再阅读资料，而只需寻找加亮突出的文字就可以完成测验了。该课程只区分学生及格或不及格，而且完全依赖正确回答系列课程的问题。当问题回答不正确时，用户将返回教学单元的起始位置。这样的设计有很多问题,它不可能显著提高学生的知识或技能。

4. 基于计算机的教学系统要求用户使用鼠标来进行操作。不巧的是,有严重精细运动控制问题的用户会发现他们很难使用这样的系统。在此情况下,系统要重新设计以便提供包括光标键和快捷键在内的多种操作方式。这个新设计帮助有运动控制问题的用户改善了可获得性。

5. 一门有关统计学的计算机教程通过一系列精心设计的问题来实现,包括像阿凡达那样时常开玩笑或通过非正式谈话的方式讲些为本地用户所熟悉的陈词滥调。这个教程很成功,有人想把它推广到更广泛的乃至国外的受众中去。果不其然,对本国用户有意义且受欢迎的内容并不适合其他用户,那些幽默和陈词滥调在国外根本无法被人们接受。

6. 亚洲某国的一所大型综合性大学正在设计一门在线开展的语言基础教程。该国正飞速发展,并且有大量来自不同国家的外国人及其家人涌入,他们已经在这里工作了几年。这门课程针对这些外来人口开设,帮助他们熟悉这个国家的语言及文化,并帮助他们在这里的日子能更有收获。这所大学的在线授课有非常突出的成功经历。然而,设计人员都是语言学家,又无外语或第二外语的教学背景。除此以外,他们采用了针对所有在线课程的通用框架,此框架适用于母语人士,而在当时,这是唯一一门为非母语人士开设的课程。这个框架包含在开始画面上用该国语言大篇幅介绍主要教师和内容专家。显然,这些介绍对预期受众毫无意义,而且学生们要做大量滚屏操作才能忽略掉这些信息。第二,教学内容提供者没有为外国人介绍新语言的概念,特别是当无法确定预期学习者的母语时——他们可能是美国人、澳大利亚人、日本人、韩国人,或是来自其他国家。结果是这样的课程设计无法使用,因为无论介绍还是内容详述使用的都是该国语言,无法为外国人所理解。另外,不同的课程单元由不同的内容专家设计,它们缺乏一致性,而且过于纠缠复杂语言的细节问题,这根本无法提起那些只想学学如何去商店买东西的外来人员的兴趣。

上面所列的案例以外,很容易再添加其他例子。可以开展一次有趣的教学活动——分组讲述类似的故事,并把这些设计失误与基本设计原则联系起来。

第十四章 设计有技术支持的学习环境

测试你的理解

下列哪种说法是正确的,为什么?(某些说法可以在课堂或讨论区中讨论)

1. 设计无法评价。
2. 经过周密的需求评估和需求分析过程,有可能明确所有类型的用户及其相关特性。
3. 因为对学习环境和教学系统的感性诉求决定学习积极性和学习者投入学习的程度,所以设计的重点首先在于美观。
4. 掌握学习与某设计方案相符,该方案关注在必修的先修课程期末考试中,成绩处于平均分两个标注差之内的学生。
5. 设计是创造与工程两者平衡的结果。
6. 设计是规定了必修和选修课的学习程序的人工制品。
7. 设计是阐述某个集体的使命、愿景和价值观的人工制品。
8. 雇员的工资标准是设计的人工制品。
9. 分级标准是设计的人工制品。
10. 某学生的学分是人工设计。

一个有代表性的教育技术挑战

你所在的组织决定在互联网上以更有意义和信息量更大的形象面对公众。其特点之一就是网站要有突出介绍主要工作人员的部分——他们是谁,他们的背景,他们的责任等等。网站的该部分内容在主要工作人员发生变动时很容易更新。首先,网站在组织内部设计并测试。当内部用户满意该网站并经过更新自己信息的培训后,网站会对公众发布。除了确定哪些内容要如何展示给公众以外,为了保证实现组织的目标与期望还面临着其他挑战,诸如后台系统设计(例如数据库)、用于更新数据库的界面、内容和系统使用情况监控手段等等。

学习活动

你被分配的任务是设计网站的人员介绍部分。你决定从创建自己的电子档案袋入手,看看它应包括哪些内容以及用户如何与你所创建的内容交互。

1. 创建你自己的电子档案袋原型;在这样做的同时,指出你认为谁是系统预期用户以及他们可能用何种方式与你的电子档案袋交互;说明你所有与设计相关的假设。

2. 根据本章介绍的十条设计原则评价你的原型。

3. 让你的同伴或同事评价你的原型,并提供关于内容、界面、导航等因素的明确反馈。

4. 比较你自己的评价与同伴的评价,记下它们的区别;特别是关于非预期用途、二义性和导航不清的内容。

参考资料

Chermayeff, I., Geismar, T. H., & Geissbuhler, S. (2003). *Designing.* New York: Graphics Inc.

Merrill, M. D., Barclay, M., & van Schaak, A. (2008). Prescriptive principles for instructional design. In J. M. Spector, M. D. Merrill, J. J. G. van Merriënboer (Eds.), *Handbook of research on educational communications and instructional design* (3rd ed., pp. 173-184). New York: Routledge.

Norman, D. A. (1988). *The design of everyday things.* New York: Doubleday.

Pliner, S., & Johnson, J. (2004). Historical, theoretical, and foundational principles of universal design in higher education. *Equity of Excellence in Education, 37*, 105-113.

Preece, J., Rogers, Y., & Sharp, H. (2002). *Interaction design: Beyond human-computer interaction.* New York: Wiley.

Richey, R. C., Klein, J. D., & Tracey, M. W. (2011). *The instructional design knowledge base: Theory, research and practice.* New York: Routledge.

链接

Don Norman's websites: www.jnd.org/ and http://cogsci.ucsd.edu/~norman/.

表 15.1　有代表性的技术整合关注点

基本领域	有代表性的技术整合关注点
传播	是否所有的利益相关者完全了解、领会即将进行整合的技术的目的和潜力？用户手册是否容易获得且浅显易懂？健全的、个性化的反馈机制是否准备到位？
交互	技术是否促进了积极运用学习资料、带动其他学习者/教师/培训师的学习投入？学习者是否有充分的机会创设他们自己的材料并与其他人分享？
环境	环境是否有助于将要进行的技术应用？技术的使用是否会引起用户过度的注意或者影响他人？对于正在使用的技术是否能提供足够的技术支持？
文化	制度文化是否支持那些愿意率先使用新技术的人？文化是否能支持使用技术来促进学习、改善教学？
学习	是否有足够的依据让人们相信技术会促进学习？数据搜集和分析是否能确定技术的使用在多大程度上促进了学习？
教学	是否有证据表明技术会提升教学质量？迄今人们是否认为技术是为了工作或提高生产力需要额外学习的？是否能搜集并分析数据来确定技术对教学的影响？

技术整合的原则

基于技术整合关注点的讨论，这里列出一系列初步的、尝试性的技术整合原则，作为进一步讨论的起点。与设计原则一样，这只是一些有待精细化的高级原则；其他原则肯定也应该加入这个列表（参见 Spector & Wang，2002a，2002b）。

1. 教育领域的技术整合应促进学习和教学。我们应该搜集和分析数据以确保所使用的技术不但不会干扰学习或教学，反而会有利于学习和教学。

2. 利益相关者有知情权，关键用户应该接受严格的有关新技术的培训。无论何种背景或文化，很可能会有一些抵制引入新技术的人；在交流和培训中这些人不该被忽视或不顾及。在实施新技术之前教师和培训师应该受到充分的培训直至熟练程度。

3. 如何从教学法角度有效使用新技术对于教师和培训师的培训而言必不可少。由于教师和培训师准备不充分，太多技术整合的尝试未能产生预期的影响。就好比当初引进图形计算器以及 Logo 语言，还有许多其他技术都具有意义非凡的学习功能可供性，但均未发挥出它们的预期潜力。

4. 培训使用新技术的用户至关重要。在引进一项新技术前，学习顺序极为关键，学习者首先需要熟悉其使用方法，那么他们才可以将注意力集中于学习内容，而不是关注支持学习的技术。

5. 对于新技术的适当支持应优先于技术的实施。如果新技术一开始就发生故障或出错，并需要花时间去纠正的话，那么反对力量就可能陡然增加；我们应事先规划并对新技术给予持续的支持。

6. 系统地呈现角色，并在实施前应该制定新技术使用的方法。为了能够在引入新软件时对间接或者偶发的后果进行预估，可以采用的有效做法是，在整个教育体系情境中呈现新技术是如何应用的、会如何影响教育的方方面面。

7. 技术成本不能超过所带来的收益。如果进行大量的投资，那的确可以实现在学习和教学方面的巨大进展，但在教育上进行大量、持续的投资不太可能；因此非常重要的一点是，从理论和经验角度提出有关新技术的论证，并随后提出证据去说明新技术带来的收益及如何来进行评价。

8. 不要期望技术会迅速地、不切实际地改变学习和教学。在过去的 50 年里，教育技术的工作者几乎对每一项引进的教育技术都过分热切地期待过快、过多的效果；如果期望更恰当，并搜集数据来证明这些期望已经达成，那么效果会更好。

测试你的理解

下列哪些说法是正确的？为什么？
1. 技术整合是教学设计的一部分。
2. 题目分级是教育技术。
3. 交互式白板是教育技术。
4. 图形计算器已经被有效地在某所我熟悉的学校中整合。
5. 以个人电脑为代表的技术已经与我的生活有效整合。

6. 我已经将文字处理与写作有效整合。

7. 技术整合是管理者而不是教学设计者的责任。

8. 对某人而言的有效整合,对他人却不适用,就这个意义上说,技术整合是一个相对的概念。

9. 总有些人拒绝在学习和教学上使用技术。

10. 在有效使用新技术方面准备最不充分的人,往往获益最大。

一个有代表性的教育技术挑战

你是一位知名教育学院的院长,尽管贵院的教师资格培训计划颇受赞誉,但你最近也注意到即将走上教学岗位的经过师资培训的毕业生即将在工作中使用的技术远比他们大学培训课程中所使用的多得多。经常有报道称,最近的毕业生缺乏良好培训,他们对于如何在新课堂中有效使用诸多有效的技术手段知之甚少。你将如何改变你所在学校的教师培训计划以改善这一状况?

学习活动

从下列技术中选择一项,为了完成学习活动你需要掌握这项技术:

1. 游标卡尺;
2. 图形计算器;
3. 电子制表程序;
4. 可下载应用的智能手机;
5. 动态数学软件。

一旦你选择了某项技术,接下来需要选择一个明确的学习目标或目的,并使用这项技术来完成。理想情况下,目标或目的是有意义的,能直接与某特定的工作任务或课程标准联系起来。然后,你为教学单元拟定一个融入技术的计划,支持完成既定的学习结果。接着,记录教师/培训师和学生如何在课上使用技术。最后,记下你所预见到的在成功实施这一教学单元时的问题。

参考资料

Gogus, A. S. (2006). *Individual and situation factors that influence teachers' perspectives and perceptions about the usefulness of the graphing calculator on the New York State Math B Regents exam.* Unpublished dissertation. Syracuse, NY: Syracuse University.

Kim, C., DeMeester, K., Spector, J. M., Kim, M. K., & Lee, C-J. (2011). Teacher pedagogical beliefs, technology integration, and student learning. Paper presentation at the Annual Meeting of the American Educational Research Association, New Orleans, LA, April 11.

Mishra, P., & Koehler, M. M. (2006). Technological pedagogical content knowledge: A framework for teacher knowledge. *Teacher College Record*, 108(6), 1017–1054.

Spector, J. M., & Anderson, T. M. (Eds.) (2000). *Integrated and holistic perspectives on learning, instruction and technology: Understanding complexity.* Dordrecht: Kluwer Academic Press.

Spector, J. M., & Wang, X. (2002a). Integrating technology into learning and working: Promising opportunities and problematic issues. *Education, Technology and Society*, 5(1). Retrieved on 6 April 2011 from www.ifets.info/journals/5_1/editorial.pdf.

Spector, J. M., & Wang, X. (2002b). Integrating technology into learning and working: Issues at the boundary. *Education, Technology and Society* 5(2). Retrieved on 6 April 2011 from www.ifets.info/journals/5_2/editorial.pdf.

链接

The Association for Educational Communications and Technology: www.aect.org.
GeoGebra dynamic mathematics software: www.geogebra.org/cms/.
The George Lucas Big List of Technology Integration: www.edutopia.org/big-list-technology-integration.
The International Board of Standards for Training, Performance and Instruction: www.ibstpi.org/.
The International Society for Technology in Education: www.iste.org/welcome.aspx.

其他资源

Berglund Center's taxonomy of technology integration: http://education.ed.pacificu.edu/aacu/workshop/reconcept2B.html.

Best practices in technology integration Michigan site: www.remc11.k12.mi.us/bstpract/.

Bobi Ash YouTube video clip on technology integration in her classroom: www.youtube.com/watch?v=ANCJPRvHvkE.

CyberSummit-Kansas 21st century skills YouTube video clip on technology integration: www.youtube.com/watch?v=Iu99aC8YK4Y.

Education Week article by Ian Quillen on the real cost of technology integration: http://blogs.edweek.org/edweek/DigitalEducation/2011/01/the_real_cost_of_technology_in.html.

Education World's technology integration resources: www.emergingedtech.com/2010/01/education-worlds-technology-integration-resources/.

Institute for Education Sciences website on technology integration: http://nces.ed.gov/pubs2003/tech_schools/chapter7.asp.

National Clearinghouse for Education Facilities resources for technology integration: www.ncef.org/rl/technologyII.cfm.

Open Education site on technology integration: www.openeducation.net/2008/09/06/21st-century-classrooms-technology-integration-matrix/.

Scott Taylor YouTube video clip on technology integration: www.youtube.com/ibm#p/c/17/4V9dPSyHets.

Technology integration in education LinkedIn site: www.linkedin.com/groups/Technology-Integration-in-Education-108447?mostPopular=&gid=108447.

Technology integration in education website: www.technologyintegrationineducation.com/.

高等教育

高等教育包含中等后教育境脉,例如社区学院、职业技术学校,以及综合性大学和研究所等。接受高等教育的学习者往往被认为是成年人,但其中有许多人是年轻人,在各方面仍有待发展。其中很多人正在寻求可以从事的职业,并在同步发展人格同一性及社会技能。而其他学习者是成熟的成年人,试图继续接受教育,通过汲取新的知识和技能来改变职业生涯。

沟通与互动

高等教育境脉下的主要的利益相关者包括学习者(处于不同成熟阶段的成年人)、教员(具有特定领域专业知识的学者)、管理者(管理的教员和人事的成年人)以及赞助者(资助机构以及捐赠人)。假设大学生是成熟的成年人,有能力自我指导并对行为负责——但假设本身并非总能成立,他们毕竟刚从高中跨入大学。无论如何,高校学生有义务对自己的教育目的负责(如确定主要的学习计划、选课、入学、缴费、购买所需的材料等)。家长并不是核心,尽管他们或许当初与欲申请入学的学生一起考察大学,并且在之后周期性地回访。教师是与学生保持联系的要素;在专业学院和综合性大学,教师通常被看作具有高学历的专家,能够自主地在特定的知识领域内进行教学。

然而,学生通常会被根据成绩分级,无所不在的标准化考试便不再是评价学生进步的主要驱动力。通常而言,教师具有较多的自由度来帮助个体学习者,评价其进展。一些学科领域确实需要标准化的结业考试,从而取得专业组织的证书(建筑师、律师、护士等等),但对许多人而言,获得所选学科的学位才是成功的标志。

教师与学生之间的沟通应根据特定的境脉构建;比如说,应该鼓励学生不断细化要求,鼓励教师对个体的学习需求给予反馈、提供支持。语言应使用相互尊重的学术用语,互动应被设计成为能够促进对某领域不断深入的探究,并围绕挑战性不断增加、能代表学科核心的问题展开。

环境与文化

各专业院校及综合性大学的学习环境和文化境脉各式各样。在一些院校中，学生们试着公开对教师直呼其名，作为培养毕业后可能会面临的那种有意义的、坦率的人际关系的方式。而在另外一些院校中，学生们公开尝试以学位或在校职称加上姓来称呼教师，从而孕育一种谦恭的环境。这些有校园特色的做法可能需要教师和学生们来适应。在大多数环境中，入乡随俗是明智的做法。高等教育机构是一个允许并广泛鼓励学生探索多样的学术或非学术追求的场所。教师往往认为学生应该将他们大部分"梦醒人生"投入到其课程和学习资料的学习中。当指导教师深爱自己的学科，期盼所有学生也能倾心于此，并将清醒的时间都以某种方式投入该学科时，这种情况就会以某种形式出现。当然，现实是学生们的兴趣与负担多种多样，有些学生上课只是为了达到基本要求。这种对课程和学科价值的不同看法可能会在教师和学生间造成严重的误会，甚至教师不现实的期望也可能导致学生失去对学科的兴趣。无论怎样，高等教育情境中的环境和文化在各门课上、各教师之间、不同的班级构成中千差万别、不一而足。

教学与学习

高等教育的课程主要关注学习结果，通过参加某一学科中一系列课程的学习来取得进展。一开始可能是参加一些概论或基础入门课程，随后参加该学科就特定领域探索的课程，再者是探索学科中与专业实践相结合的深入问题。因此，教学通常由各种各样的学习活动构成，并试图达到预期的理解水平。然而学习活动可能包括全班、小组和个体活动，学生分等级通常基于个体的表现来确定（尽管班级和小组的表现经常成为个人成绩的组成部分）。在高等教育情景中，专业的教学设计者和教育技术人员参与课程规划和执行的情况多少有些罕见。

然而某些课程学习要求通过资格考试方能毕业，另一些则仅要求修满一定的课程学分。当学生在一个领域内逐步精深时，学校期望他们能在监控和指引自己不断前行中承担更多的责任，并在发展更高阶段的推理能力和问题解决技能时不断增强独立性。然而讽刺的是，当考虑了初等和中等教育情景中的典型学习经历后，我们会发现高等教育的学生通常不能为向自主学习转型做好充分准备,因为他们一直在有组织的、教师主导的学习活动中接受训练。教育技术人员和教学设计者应意识到,期望每位学生自主习得高度发展的元认知技能很可能是不切实际的,一些接受高等教育的学生希望或不得不持续进行多年结构性的学习。我们不能期待学习者突然变为成功的、自主的学习者,并且元认知技能得到很好的发展,这就好比期待一位教师突然彻底从讲授制转变为主要开展小组活动的问题中心式学习一样不可能。这类转变需要一定的时间。

高等教育的实例

卡内基梅隆大学倡导的开放式学习项目提供了许多免费的在线课程。其中的一门课程属于因果关系与统计推理领域:http://oli.web.cmu.edu/openlearning/forstudents/freecourses/csr。

工商业界

教育和培训在工商业界被重点关注,许多企业在工作场所广泛运用教育技术,提供具有成本效益的培训。此外,许多企业专门为业务部门开发并安排教育和培训。许多工商业界的课程旨在取得特定的学习结果,包括在线研讨、演示环节(通常也是在线的)、个体活动和小组批评、讨论等。这些课程通常是企业专有的,难以在文中举例说明,但是许多成年人都有参加此类企业培训的经历,并且能够在课上或通过论坛与他人分享这些经历。除了这些专有课程外,企业还可能向员工提供那些不能透露给公众的敏感或机密的内部信息,因此在规划和实施这类课程的时候会遇到安全问题。

沟通与互动

在工商业界中,主要的利益相关者包括员工、管理者、客户和公众。这一利益相关者群体产生了特定的沟通和互动需求。一旦客户和公众参与进来,就需要花费很大精力来制定与学习活动相结合的沟通和互动。一个销售产品的企业可能给潜在客户提供一堂免费的、如何使用该产品的简短课程。这类课程可能具有一个特定目标的学习结果,但是其目标也很可能是特定的公共关系结果(比如让人们对产品发生兴趣)。

环境与文化

企业文化的变化值得关注。一些企业积极支持其员工继续深造、接受教育的愿望,这是基于一种信念——受过良好教育、技术熟练的工人会组成一个生产效率更高的企业。另一些企业不愿意支持员工深造和培训,害怕员工中的优秀分子会离开去更有竞争力的地方。在一些国家(比如挪威),员工有权继续深造,用人单位有义务为员工的终身教育提供时间保障。近些年来,出现了很多关于学习型企业的介绍(Argyris & Schön, 1996; Spector & Davidsen, 2006)。培养独立思维、重视技术熟练且知识渊博员工的企业文化,很大程度上反映了企业提升并保持先进性的能力(Collins, 2001)。

教学与学习

工商业界中的教学和学习可能具有多维度的目标。显性的目标是发展和维持一支技艺高超的劳动力队伍;而一些企业以培训作为一种培养员工积极的工作态度并回报优秀员工的手段。比如,可能为全体或部分员工安排一次疗养,在远离工作场所的风景宜人之地请员工对企业的各种议题畅所欲言。一个销售公司可能在旅游胜地为完成年销售业绩的员工提供培训。这类情况下,培训的主要结果就是提高员工积极性,这类结果能够且应该与任何预期的学习结果一同被衡量。

无论怎样,公司的培训经常请教学设计专家来规划和实施课程。分别以工商业界和高等教育中有代表性的课程为例,比较聘请教学设计专家参与课程的规划和实施的利弊,这非常适合在班级内或论坛中进行讨论。

工商业界的实例

在线高级学习交互系统(Advance Learning Interactive Systems Online,ALISON)在诸多领域内提供与终身学习或工作场所境脉有关的免费在线课程,可以通过 http://alison.com 访问。

政府机构

与其他部分所讨论的相同,政府机构也多种多样,包括不同层次的政府机构(国家、州/省、地方)以及不同类型的政府机构(预算与财政、国防、教育与福利、立法、审判等)。有些培训是针对政府机构的雇员,而有些培训则针对政府机构所服务的社会大众。诸多政府机构需要对雇员进行培训以满足各种各样的法规及职责要求。此类培训大多要求雇员参加一定数量的讲座或者阅读指定的文献,然后进行简单的知识测验(部分情况下只需参与即可)。就大多数标准而言,这样的培训应当被视为信息传递更合适,而非真正的培训。培训中的学习应使学习者在能力、信念、知识、技能等方面发生稳定且持续的变化。如果类似变化没有出现或无法记录,那么就有理由质疑如此的信息传递过程能否被称为培训。

另一方面,许多政府机构把培训搞得过于严肃。在国防和公共卫生部门,如果训练不够会有生命危险,因此这种现象尤为突出。

沟通与互动

关键的利益相关者是政府机构中的雇员与管理人员、其他组织与机构、普通公众,或者是以上各方兼而有之。几乎在所有情况下,学习者应当是成年人,就像工商业界的情况那样。政府机构会确定一些特定词的用法及含义,这些词在学习材料里被明确和遵循。例如,"龙卷风警戒"和"龙卷风警报"两个词的含义不同,而理解这两个词的区别也许就能够挽救生命或改变命运(龙卷风警报表示附近已经有龙卷风出现,并且要马上采取预防措施)。

与背景差异较大的人进行沟通时常常会遇到这样的麻烦,沟通对象究竟已经知晓或理解了多少?这种情况会在任何一个教学系统、学习环境或服务于公众的辅导课程中发生。建议开发者们在多样的有代表性的用户群体中测试原型的最终版,尽量避免由于在教学或学习材料中使用了不恰当的或无法理解的描述而造成返工。

环境与文化

正如在其他章节中所提及的,环境与文化在不同机构之间往往存在巨大差异。某些情况下,个体间的互动与沟通在非常正规的文化情境中进行(例如在军队中)。而在其他情况下,环境与文化都具有较强的开放性和流动性。将学习活动和材料同其使用的环境与文化结合起来,是非常可取的。当然这样做也会减弱课程和学习材料在处于不同环境和文化的政府机构间的可移植性。

教学与学习

在许多政府机构中,为了晋升必须要进行特定的课程学习。这样的课程大多是基于绩效的,要求在晋升到下一级别之前应达到某一特定水准。而鉴于掌握的课程在政府机构中的普遍程度要远高于高等教育,在高校中往往是经过一段固定时间的学习,然后就进行针对这段学习经历的测评。在基于掌握的教学法中,学校会给予学生足够的学习时间以便熟练掌握所学知识。

政府机构的实例

全美环境卫生协会(National Environmental Health Association,NEHA)在线提供了若干由疾病控制中心(Center for Disease Control,CDC)支持的免费公共健康课程。通过以下链接可以访问这些课程:www.nehacert.org/catalog/index.php?cPath=28&main_page=index。

非营利性组织和非政府组织

非营利性组织(NPO)包括慈善团体、教育组织、职业与商业协会,以及关注诸如科学与艺术等公益事业的组织等,其收入并不会分配给其所有者或股东。非政府组织(NGO)是专门为不能充分得到政府重视的公众和社会利益服务的,例如国际红十字会就是非政府组织。非政府组织是典型的非营利性组织,反之,非营利性组织却不一定是被联合国或世界银行所承认的履行人道主义使命的非政府组织。无论怎样,这些组织会经常为雇员以及公众提供教育和培训服务。显然,这会给教育技术者和教学设计者带来困难与挑战。

Competency 能力：与成功执行任务或完成工作有关的一组互相联系的知识、技能与态度。

Complex cognitive skill 复杂认知技能：任务中的问题解决和高层次的推理能力，往往用以应对任务范围内那些新内容的挑战。

Concept map 概念图：对一组概念之间关系的描述。

Constructivism 建构主义：一种自然主义认识论，认为学习者个体通过构建内部表征来理解其外部经验。

Critical theory 批判理论：教育学中的一种观点，它挑战诸多标准及已确立的教学实践，认为它们从根本上是压迫性的和不合乎人道的。

Culture 文化：人类群体的普遍规则与价值。

Diffusion of innovation 创新的推广：在某组织内部，一项新技术被采纳并广泛使用的速度和难易程度。

Education 教育：通过系统地不断地努力来增加知识、提高成绩和加强理解的过程。

Educational technology 教育技术：为了改善教学，以及（或者）提高成绩的一系列规范的技术应用。

Environment 环境：由诸多生理和心理因素所构成的开展学习与教学的情境。

Evaluation 评价：以改进或确定某课程的价值和质量为目的的过程；评价可能是形成性的，目的在于改进课程；也可能是总结性的，目的在于总体判断某门课程的价值。

Experiential learning 经验学习/体验学习：四步学习理论，包括体验、观察与反思、概念与规则形成、迁移到新的情景中等四个步骤。（参见 Kolb, 1984）

Formative assessment 形成性评估：典型的形成性评估要给学习者提供及时的、有益的反馈，以帮助他们提高成绩并加强理解。

Humanism 人文主义：一种强调个人自由和自我价值的教育观。

Incidental learning 偶发学习：并非靠有意识的努力、目标或计划促成的学习（也称作无目的学习）。

Information theory 信息理论：运用机器或人工进行消息编码、传输、接收、解码等操作的原理与模型。

Instruction 教学：对学习的促进和支持。

Instructional design 教学设计：对教学活动和资源的规划、选择、排序以及开发，以支持有目标的学习结果。

Instructional design theory 教学设计理论：综合考虑设计有效教学的理论，例如认知学徒制，在教学中采用"脚手架策略"，给新手提供强有力的、明显的学习支持，而对高层次的学习者尽量减少这类支持。

Instructional events 教学事件：特指为提高学习质量而开展的教学活动。例如加涅（1985）提出了以下九个教学活动：引起注意、告知教学目标、刺激回忆先前的学习、呈现内容、提供学习指导、引出学习行为、提供反馈、评价学习表现、强化巩固与迁移。

Instructional principle 教学原则：以指导教学的设计、开发及实施为目的的简要陈述。例如"最小化外在认知负荷"或"同时采用举例和非举例的方式呈现某个定义"。

Instructional strategy 教学策略：针对包括一个或多个教学原则的特定单元教学的系统性框架。例如，说明性策略会使用针对学习者的清晰阐述来解释学习内容，这些阐述应遵循有关的教学原则（在呈现任何定义时要同时采用举例和非举例的方式）。

Instructional theory 教学理论：说明学习者从无知和无法做的阶段发展到了解并能够做的阶段的原因。

Intelligent tutoring system 智能导师系统：用于教学的计算系统，其中包含并维护若干模型，包括学习者及其在某特定领域认知情况的模型，学习任务领域的知识模型，以及如何根据学习者对知识的掌握情况或是否存在曲解来对教学单元进行选择和排序的教学模型。

Intentional learning 有目的的学习：即目标导向学习，学习是有计划、有目的的。

Interaction 互动：一个或多个学习者与教学系统或环境之间的交互，既包括导师或教师，也可以是由技术辅助的教学组件。

Learner characteristics 学习者特征：学习者之间有关联的差异，包括年龄性别差异、文化语言差异、学习前的知识差异、学习偏好与风格,等等。

Learning 学习:在能力、态度、信仰、知识、思维模式、技能等方面带来稳定且持久变化的过程。

Learning Styles 学习风格:当信息以特定方式呈现或教学活动以特定方式构成时,不同类型的学习者都能获得很好的学习效果。例如 Fleming(1995)将学习者分为四种类型:视觉型、听觉型、读写型、体验型。

Learning types 学习类型:能够被学习的不同种类事物,例如态度、概念、运动技能、原理、规则、技能,等等。

Mental models 心智模型:当需要解释不寻常的现象或应对问题挑战时,人们所建立的对经验的内部表征。

Motivation 动机:在执行某项特定工作时的兴趣与意愿。

Non-recurrent task 非复用任务/非经常性任务:根据任务设置的特定变量而在执行上有所区别的任务。例如设计百货公司的陈列展示或提出保护有限资源的政策,人们用启发式教学法来协助应对这类任务。

Operant conditioning 操作性条件反射:行为主义理论,认为强化刺激条件和预期结果之间的联结是学习中的关键机制(斯金纳,1954)。

Performance 表现、成绩、绩效:可观察的行为或行动,可以作为能力指标或反映对学习任务的掌握情况。

Problem-centered instruction 以问题为中心的教学:一种教学方法,将问题解决作为教学计划的核心内容,认为每堂课都应围绕一个或多个有意义的问题开展教学。

Recurrent task 复用任务/经常性任务:不管任务设置中的变量怎样,任务的完成方式总是不变的。例如给打印机更换墨盒或解二次方程,任务清单或者分步骤的程序指南有助于解决这类任务。

Situated learning 情境学习:一种学习论,认为学习环境在很大程度上决定意义并影响解释,同时也建议只要可能,学习活动就应该在真实的环境中进行。根据情境学习理论,在学习者群体中合法的边缘性参与是重要的学习过程(参见 Lave,1988)。

Social learning 社会学习:一种学习论,强调人是通过观察、模仿、模拟等手段向他人学习的。

Summative assessment 总结性评估：参照一套既定的标准,形成针对个体表现和理解水平的正式报告的过程。

Systems perspective 系统观：对复杂系统进行整体考虑,是一种考虑构成系统的关键组件及其动态互动的观点。

Technology 技术：实用性和目的性的知识应用。

Technology integration 技术整合：无缝、隐性地运用一项或多项技术从而支持有目标的学习结果。

TPACK(technological, pedagogical, and content knowledge)整合技术的学科教学知识：与学习内容、教学方法、技术可供性等相关的一整套知识体系,这些是确保将技术有效地整合在学习与教学之中所必需的。

Universal design 全方位设计：一种教学设计实践,回避了学习者可能会遇到的绝大部分障碍,特别重视避免或减少学习者无法克服的障碍。

Values orientation 价值取向：一种教育观,认为不同人拥有不同的价值观,承认并尊重不同的价值观是教育技术者理所应当的目标。

Zone of proximal development(ZPD)最近发展区：学生独立解决问题的水平与在教师或更有经验的学生协助下解决问题的水平之间的差距,教学应着眼于最近发展区才能更加有效(参见 Vygotsky,1978)。

参考文献

Abrami, P. C., Wade, A., Pillay, V., Aslan, O., Bures, E. M., & Bentley, C. (2008). Encouraging self-regulated learning electronic portfolios. *Canadian Journal of Learning and Technology*, *34*(3). Retrieved on March 15, 2011 from www.cjlt.ca/index.php/cjlt/article/view/507/238.

Anderson, J. R. (1983). *The architecture of cognition*. Cambridge, MA: Harvard University Press.

Anderson, J. R. (1996). A simple theory of complex cognition. *American Psychologist*, *51*, 355-365.

Anderson, L. W., & Krathwohl, D. R. (Eds.) (2001). *A taxonomy for learning, teaching and assessing: A revision of Bloom's taxonomy of educational objectives*. New York: Longman.

Andrews, D. H., & Goodson, L. A. (1980). A comparative analysis of models of instructional design. *Journal of Instructional Development*, *3*(4), 2-16.

Argyris, C., & Schön, D. (1996). *Organisational learning II: Theory, method and practice*, Reading, MA: Addison Wesley.

Ausubel, D. P. (1963). *The psychology of meaningful verbal learning*. New York: Grune & Stratton.

Bandura, A. (1977). *Social learning theory*. New York: General Learning Press.

Bandura, A. (1986). *Social foundations of thought and action*. Englewood Cliffs, NJ: Prentice-Hall.

Berlo, D. K. (1960). *The process of communication: An introduction to the theory and practice*. New York: Holt, Rinehart & Winston.

Bloom, B. (1984). The 2 sigma problem: The search for methods of group instruction as effective as one-on-one tutoring. *Educational Researcher*, *13*(6), 4-16.

Bransford, J. D., Brown, A. L., & Cocking, R. R. (Eds.) (2000). *How people learn: Brain, mind, experience, and school*. Washington, DC: National Academy Press.

Brown, J. S., Collins, A., & Duguid, P. (1989). Situated cognition and the culture of learning. *Educational Researcher*, *18*, 32-42.

Bruner, J. S. (1966). *Toward a theory of instruction*. Cambridge, MA: Harvard University Press.

Bruner, J. (1996). *The culture of education*. Cambridge, MA: Harvard University Press.

Carr-Chellman, A. A. (2005). *Global perspectives on e-learning: Rhetoric and reality*. Thousand Oaks, CA: Sage.

Chermayeff, I., Geismar, T. H., & Geissbuhler, S. (2003). *Designing*. New York: Graphics Inc.

Chomsky, N. (1967). A review of B. F. Skinner's *Verbal Behavior*. In L. A. Jakobits & S. M. Murray (Eds.), *Readings in the psychology of language* (pp. 142 - 143). Englewood Cliffs, NJ: Prentice-Hall.

Collins, A., Brown, J. S., & Newman, S. E. (1990). Cognitive apprenticeship: Teaching the crafts of reading, writing, and mathematics. In L. B. Resnick (Ed.), *Knowing, learning, and instruction: Essays in honor of Robert Glaser* (pp. 453 - 494). Hillsdale, NJ: Lawrence Erlbaum.

Collins, J. (2001). *Good to great: Why some companies make the leap ... and others don't*. New York: HarperCollins.

Compaine, B. M. (Ed.) (2001). *The digital divide: Facing a crisis or creating myth?* Cambridge, MA: MIT Press.

Corbett, T., Koedinger, K. R., & Anderson, J. R. (1997). Intelligent tutoring systems. In M. Helander, T. K. Landauer, & P. Prabhu (Eds.), *Handbook of human-computer interaction* (2nd ed.) (pp. 849 - 874). Amsterdam: Elsevier.

Craig, R. T. (1999). Communication theory as a field. *Communication Theory*, *9*, 119 - 161.

Cushman, D., & Whiting, G. C. (1972). An approach to communication theory: Toward consensus on rules. *Journal of Communication*, *22*, 217 - 238.

Davis, F. D. (1989). Perceived usefulness, perceived ease of use, and user acceptance of information technology. *Management Information Systems Quarterly*, *13*(3), 319 - 340.

Dewey, J. (1907). *The school and society*. Chicago, IL: University of Chicago Press.

Dewey, J. (1916). *Democracy and education: An introduction to the philosophy of education*. New York: Macmillan.

Dick, S., Carey, L., & Carey, J. O. (2009). *The systematic design of instruction* (7th ed.). Boston, MA: Allyn & Bacon.

Dijkstra, E. W. (1972). The humble programmer. *Communications of the ACM*, *15*(10), 859 - 866.

Dörner, D. (1996). *The logic of failure: Why things go wrong and what we can do to make them right* (R. Kimber & R. Kimber, Translators). New York: Metropolitan Books.

Dreyfus, H., & Dreyfus, S. (1986). *Mind over machine: The power of human intuition and expertise in the era of the computer*. New York: Free Press.

Driscoll, M. P. (2005). *Psychology of learning for instruction* (3rd ed.). New York: Allyn & Bacon.

Eckel, K. (1993). *Instruction language: Foundations of a strict science of instruction*. Englewood Cliffs, NJ: Educational Technology Publications.

Edelstein, L. (1943). *The Hippocratic Oath: Text, translation, and interpretation*. Baltimore, MD: Johns Hopkins Press.

Ellsworth, J. B. (2000). *Surviving change: A study of educational change models*. Syracuse, NY: ERIC Clearinghouse on Information and Technology.

Ericsson, K. A., Krampe, R. T., & Tesch-Römer, C. (1993). The role of deliberate practice in the acquisition of expert performance. *Psychological Review*, 100(3), 363–406.

Erikson, E. H. (1959). *Identity and the life cycle*. New York: International Universities Press.

Erikson, E. H. (1968). *Identity, youth and crisis*. New York: Norton.

Festinger, L. (1957). *A theory of cognitive dissonance*. New York: Wiley.

Fleming, M., & Levie, W. H. (Eds.) (1993). *Instructional message design: Principles from the behavioral and cognitive sciences* (2nd ed.). Englewood Cliffs, NJ: Educational Technology Publications.

Fleming, N. D. (1995). I'm different, not dumb: Modes of presentation (VARK) in the tertiary classroom. In A. Zelmer (Ed.), *Research and development in higher education. Proceedings of the 1995 Annual Conference of the Higher Education and Research Development Society of Australasia (HERDSA)*, 18, 308–313.

Foulger, D. (2004). An ecological model of the communication process. Retrieved on February 25, 2011 from http://davis.foulger.info/papers/ecologicalModelOfCommunication.htm.

Gagné, R. M. (1985). *The conditions of learning* (4th ed.). New York: Holt, Rinehart & Winston.

Gagné, R. M., & Merrill, M. D. (1990). Integrative goals for instructional design. *Educational Technology Research and Development*, 38(1), 23–30.

Gibson, J. J. (1977). The theory of affordances. In R. Shaw & J. D. Bransford (Eds.), *Acting and knowing* (pp. 67–82). Hillsdale, NJ: Erlbaum.

Gogus, A. S. (2006). *Individual and situation factors that influence teachers' perspectives and perceptions about the usefulness of the graphing calculator on the New York State Math B Regents exam*. Unpublished dissertation. Syracuse, NY: Syracuse University.

Graf, S., Liu, T-C., Kinshuk, Chen, N-S., & Yang, S. J. H. (2009). Learning styles and cognitive traits: Their relationships and its benefits in web-based educational systems. *Computers in Human Behavior*, 25(6), 1280–1289.

Gustafson, K. L., & Branch, R. M. (2002). *Survey of instructional development models*. Syracuse, NY: The ERIC Clearinghouse on Information Technology.

Habermas, J. (1971). *Knowledge and human interest*. Boston, MA: Beacon Press.

Hartley, R., Kinshuk, Kooper, R., Okamoto, T., & Spector, J. M. (2010). The education and training of learning technologists: A competences approach. *Educational Technology and Society*, 13(2), 206–216.

Hellman, M. E. (2003). Moore's Law and communications. Retrieved on March 15, 2011 from www-ee.stanford.edu/~hellman/opinion/moore.html.

Horkheimer, H., & Adorno, T. W. (1972). *Dialectic of enlightenment*. New York: Seabury.

Johnson-Laird, P. N. (1983). *Mental models: Towards a cognitive science of language, inference, and consciousness*. Cambridge, UK: Cambridge University Press.

Jonassen, D. H. (2000). Toward a design theory of problem solving. *Educational Technology Research and Development*, 48(4), 63–85.

Jonassen, D. H. (2004). *Learning to solve problems: An instructional design guide*. San Francisco, CA: Pfeiffer/Jossey-Bass.

Jonassen, D. H. (2007). Toward a taxonomy of meaningful learning. *Educational Technology*, 47(5), 30–35.

Jonassen, D. H., & Grabowski, B. L. (1993). *Handbook of research on individual differences, learning, and instruction*. Hillsdale, NJ: Erlbaum.

Jonassen, D. H., Carr, C., & Yueh, H-P. (1998). Computers as mindtools for engaging learners in critical thinking. *TechTrends*, 43, 24–32.

Kalyuga, S. Ayres, P., Chandler, P. & Sweller, J. (2003). The expertise reversal effect. *Educational Psychologist*, 38(1), 23–31.

Keller, J. M. (2010). *Motivational design for learning and performance: The ARCS model approach*. New York: Springer.

Kim, C., & Keller, J. M. (2010). Motivation, volition and belief change strategies to improve mathematics learning. *Journal of Computer Assisted Learning*, 26, 407–420.

Kim, C., DeMeester, K., Spector, J. M., Kim, M. K., & Lee, C-J. (2011). Teacher pedagogical beliefs, technology integration, and student learning. Paper presentation at the Annual Meeting of the American Educational Research Association, New Orleans, LA, April 11.

Klein, J. D., Spector, J. M., Grabowski, B., & de la Teja, I. (2004). *Instructor competencies: Standards for face-to-face, online and blended settings*. Greenwich, CT: Information Age Publishing.

Klein, J. D., Grabowski, B., Spector, J. M., & de la Teja, I. (2008). Competencies for instructors: A validation study. In M. Orey, V. J. McLendon, & R. M. Branch (Eds.), *Educational media and technology yearbook 2008*. Portsmouth, NH: Greenwood.

Knowles, M. (1984). *Andragogy in action*. San Francisco: Jossey-Bass.

Kolb, D. A. (1984). *Experiential learning: Experience as the source of learning and development*. Englewood Cliffs, NJ: Prentice-Hall.

Kopainsky, B., Pedercini, M., Davidsen, P. I., & Alessi, S. M. (2009). A blend of planning and learning: Simplifying a simulation model of national development.

Simulation and Gaming, 41(5), 641 – 662.

Kuhn, T. S. (1962). *The structure of scientific revolutions*. Chicago, IL: University of Chicago Press.

Lasswell, H. (1948). The structure and function of communication in society. In L. Bryson (Ed.), *The communication of ideas* (pp. 203 – 243). New York: Harper and Row.

Lave, J. (1988). *Cognition in practice: Mind, mathematics and culture in everyday life*. Cambridge, UK: Cambridge University Press.

Leacock, T. L., & Nesbit, J. D. (2007). A framework for evaluating the quality of multimedia learning resources. *Educational Technology and Society*, 10(2), 44 – 59.

Lebow, D. G. (2009). Document review meets social software and the learning sciences. *Journal of e-Learning and Knowledge Society*, 5(1), 171 – 180.

Levin, H. M. (2001). Waiting for Godot: Cost-effectiveness analysis in education. *New Directions for Evaluation*, 90, 55 – 68.

Lohr, L. (2007). *Creating visuals for learning and performance: Lessons in visual literacy* (2nd ed.). Cleveland, OH: Prentice-Hall.

Maslow, A. H. (1943). A theory of human motivation. *Psychological Review*, 50(4), 370 – 396.

Meindl, J. D. (2003). Beyond Moore's Law: The interconnect era. *Computing in Science and Engineering*, 5(1), 20 – 24.

Merrill, M. D. (2002). First principles of instruction. *Educational Technology Research and Development*, 50(3), 43 – 59.

Merrill, M. D. (2007). The future of instructional design: The proper study of instructional design. In R. A. Reiser & J. V. Dempsey (Eds.), *Trends and issues in instructional design and technology* (2nd ed., pp. 336 – 341). Upper Saddle River, NJ: Pearson Education, Inc.

Merrill, M. D., Barclay, M., & van Schaak, A. (2008). Prescriptive principles for instructional design. In J. M. Spector, M. D. Merrill, J. J. G. van Merriënboer (Eds.), *Handbook of research on educational communications and instructional design* (3rd, ed., pp. 173 – 184). New York: Routledge.

Militello, L. G., & Hutton, R. J. (1998). Applied cognitive task analysis (ACTA): A practitioner's toolkit for understanding cognitive task demands. *Ergonomics*, 41(11), 1618 – 1641.

Miller, G. A. (1956). The magic number seven, plus or minus two: Some limits on our capacity for processing information. *Psychological Review*, 63(2), 81 – 97.

Mishra, P., & Koehler, M. M. (2006). Technological pedagogical content knowledge: A framework for teacher knowledge. *Teacher College Record*, 108(6), 1017 – 1054.

Moore, G. E. (1965). Cramming more components onto integrated circuits. *Electronics*, 38(8), 114 – 117.

National Center on Education and the Economy. (2007). *Tough choices for tough times:*

The report of the new commission on the skills of the American workforce. San Francisco, CA: Jossey-Bass.

Newman, B. M., & Newman, P. B. (2007). *Theories of human development*. Mahwah, NJ: Erlbaum.

Norman, D. A. (1988). *The design of everyday things*. New York: Doubleday.

Paivio, A. (1991). *Mind and its evolution: A dual coding theoretical approach*. Mahwah, NJ: Erlbaum.

Papert, S. (1980). *Mindstorms: Children, computers and powerful ideas*. New York: Basic Books.

Piaget, J. (1929). *The child's conception of the world*. New York: Harcourt, Brace, and Jovanovich.

Piaget, J. (1970). *The science of education and the psychology of the child*. New York: Grossman.

Pirnay-Dummer, P., Ifenthaler, D., & Spector, J. M. (2010). Highly integrated model assessment technology and tools. *Educational Technology Research and Development*, 58(1), 3–18.

Plato. (1987). *Theaetetus* (Tr. R. A. H. Waterfield). London: Penguin Books.

Pliner, S., & Johnson, J. (2004). Historical, theoretical, and foundational principles of universal design in higher education. *Equity of Excellence in Education*, 37, 105–113.

Popper, K. (1963). *Conjectures and refutations: The growth of scientific knowledge*. London: Routledge.

Popper, K. (1972). *Objective knowledge: An evolutionary approach*. Oxford, UK: Clarendon Press.

Preece, J., Rogers, Y., & Sharp, H. (2002). *Interaction design: Beyond human-computer interaction*. New York: Wiley.

Prensky, M. (2001). Digital natives, digital immigrants. *On the Horizon*, 9(5). Retrieved March 15, 2011 from www.marcprensky.com/writing/Prensky%20-%20Digital%20Natives,%20Digital%20Immigrants%20-%20Part1.pdf.

Quine, W. V. O., & Ullian, J. S. (1978). *The web of belief* (2nd ed.). New York: Random House.

Reigeluth, C. M. (Ed.) (1983). *Instructional-design theories and models: An overview of their current status*. Hillsdale, NJ: Erlbaum.

Reigeluth, C. M. (Ed.) (1999). *Instructional-design theories and models: A new paradigm of instructional theory* (Volume II). Mahwah, NJ: Erlbaum.

Reigeluth, C. M., & Duffy, F. M. (2008). The AECT Future Minds initiative: Transforming America's school systems. *Educational Technology*, 48(3), 45–49.

Richey, R. C., Klein, J. D., & Tracey, M. W. (2011). *The instructional design knowledge base: Theory, research and practice*. New York: Routledge.

Rogers, E. M. (2003). *Diffusion of innovations* (5th ed.). New York: Free Press.

Rooney, D., Hearn, G., & Ninan, A. (Eds.) (2005). *Handbook on the knowledge economy*. Cheltenham, UK: Edward Elgar.

Schunk, D. H. (2007). *Learning theories: An educational perspective* (5th ed.). New York: Prentice Hall.

Seel, N. M. (2004). Model-centered learning environments: Theory, instructional design and effects. In N. M. Seel & S. Dijkstra (Eds.), *Curriculum, plans and processes in instructional design* (pp. 49 – 74). Mahwah, NJ: Erlbaum.

Senge, P. (1990). *The fifth discipline: The art and practice of the learning organization*. New York: Doubleday.

Shannon, C. E. (1948). A mathematical theory of communication. *Bell System Technical Journal*, 27, 379 – 423 and 623 – 656.

Shannon, C. E., & Weaver, W. (1949). *The mathematical theory of communication*. Urbana, IL: The University of Illinois Press.

Shulman, L. S. (1986). Those who understand: Knowledge growth in teaching. *Educational Researcher*, 15(2), 4 – 14.

Skinner, B. F. (1954). The science of learning and the art of teaching. *Harvard Educational Review*, 24(2), 86 – 97.

Spector, J. M. (2000). Trends and issues in educational technology: How far we have not come. *Update Semiannual Bulletin* 21 (2). Syracuse, NY: The ERIC Clearinghouse on Information Technology. Retrieved on March 15, 2011 from http://supadoc.syr.edu/docushare/dsweb/Get/Document-12994/trends-tech-educ-eric.pdf.

Spector, J. M. (2001). A philosophy of instructional design for the 21st century? *Journal of Structural Learning and Intelligent Systems*, 14(4), 307 – 318.

Spector, J. M. (2005). Innovations in instructional technology: An introduction to this volume. In J. M. Spector, C. Ohrazda, A. Van Schaack, & D. A. Wiley, (Eds.) (2005), *Innovations in instructional technology: Essays in honor of M. David Merrill* (pp. xxxi – xxxvi). Mahwah, NJ: Erlbaum.

Spector, J. M. (2012). Naturalistic epistemology. In N. M. Seel (Ed.), *The encyclopedia of the sciences of learning*. New York: Springer.

Spector, J. M., & Anderson, T. M. (Eds.) (2000). *Integrated and holistic perspectives on learning, instruction and technology: Understanding complexity*. Dordrecht: Kluwer Academic Press.

Spector, J. M., & Davidsen, P. I. (2006). How can organizational learning be modeled and measured. *Evaluation and Program Planning*, 29(1), 63 – 69.

Spector, J. M., & Wang, X. (2002a). Integrating technology into learning and working: Promising opportunities and problematic issues. *Education, Technology and Society*, 5(1). Retrieved on 6 April 2011 from www.ifets.info/journals/5_1/editorial.pdf.

Spector, J. M., & Wang, X. (2002b). Integrating technology into learning and working:

Issues at the boundary. *Education, Technology and Society* 5(2). Retrieved on 6 April 2011 from www. ifets. info/journals/5_2/editorial. pdf.

Spector, J. M., Polson, M. C., & Muraida, D. J. (Eds.) (1993). *Automating instructional design: Concepts and issues.* Englewood Cliffs, NJ: Educational Technology.

Spiro, R. J., & Jehng, J. (1990). Cognitive flexibility and hypertext: Theory and technology for the non-linear and multidimensional traversal of complex subject matter. In D. Nix & R. Spiro (Eds.), *Cognition, education, and multimedia* (pp. 163 – 205). Hillsdale, NJ: Erlbaum.

Sterman, J. D. (1994). Learning in and about complex systems. *System Dynamics Review*, 10(2 – 3), 291 – 330.

Stewart, C. M., Schifter, C. C., & Selverian, M. E. M (Eds.) (2010). *Teaching and learning with technology: Beyond constructivism.* New York: Routledge.

Sweller, J. (1988). Cognitive load during problem solving: Effects on learning. *Cognitive Science*, 12, 257 – 2285.

Sweller, J., & Cooper, G. A. (1985). The use of worked examples as a substitute for problem solving in learning algebra. *Cognition and Instruction*, 2(1), 59 – 89.

Taba, H. (1962). *Curriculum development: Theory and practice.* New York: Harcourt, Brace, and World.

Tennyson, R. (1995). Instructional systems development: The fourth generation. In R. Tennyson, & A. Barron, (Eds.), *Automating instructional design: Computer-based development and delivery tools*, 33 – 78.

Tennyson, R. D., (1997). Instructional development and ISD[4] methodology. *Performance Improvement Quarterly*, 38(6), 19 – 27.

Tennyson, R. D. & Cocchiarella, M. J. (1986). An empirically based instructional design theory for teaching concepts. *Review of Educational Research*, 56(1), 40 – 71.

Tolstoy, L. (1882). *Confession* (Tr. D. Patterson, 1983). New York: Norton.

Tufte, E. R. (1997). *Visual explanations: Images and quantities, evidence and narrative.* Cheshire, CN: Graphics Press.

Tufte, E. (2003). *The cognitive style of PowerPoint.* Cheshire, CN: Graphics Press.

Tulving, E. (1983). *Elements of episodic memory.* Oxford, UK: Clarendon Press.

van der Linden, W., & Hambleton, R. K. (Eds.) (1997). *Handbook of modern item response theory.* New York: Springer.

van Merriënboer, J. J. G. (1997). *Training complex cognitive skills: A four-component instructional design model for technical training.* Englewood Cliffs, NJ: Educational Technology Publications.

van Merriënboer, J. J. G., & Kirschner, P. A. (2007). *Ten steps to complex learning: A systematic approach to four-component instructional design.* Mahwah, NJ: Educational Technology Publications.

Vygotsky, L. S. (1962). *Thought and language*. Cambridge, MA: MIT Press.
Vygotsky, L. (1978). *Mind and society: The development of higher mental processes*. Cambridge, MA: Harvard University Press.
Watson, J. (1913). Psychology as a behaviorist views it. *Psychological Review*, 20, 158–177.
Wejnert, B. (2002). Integrating models of diffusion of innovations: A conceptual framework. *Annual Review of Sociology*, 28, 297–326.
Wittgenstein, L. (1922). *Tractatus logico-philosophicus* (Tr. C. K. Ogden). London: Routledge & Kegan Paul.
Wittgenstein, L. (1953). *Philosophical investigations* G. E. M. Anscombe & R. Rhees (Eds.), G. E. M. Anscombe (Trans.). Oxford, UK: Blackwell.

译后记

随着更多更新的技术被不断地引入教育领域,"教育技术是什么?"便成为一个普遍关注的问题。虽然在教育技术的本专业领域,关于教育技术定义解读的文献已浩如烟海,较博大精深者如笔者团队翻译的《教育传播与技术研究手册》,然而一直缺乏一本绕过晦涩艰深专业术语的入门级的专业著作。Foundations of Educational Technology:Integrative Approaches and Interdisciplinary Perspectives 一书的问世,则让笔者眼前一亮,并有了将之翻译并介绍给国内读者的动力。

之所以推荐这本书,原因有二。

其一是源于本书的作者。本书作者 Michael Spector 是继 David Jonassen 之后《教育传播与技术研究手册》第 3、4 版的领衔主编,现任美国北得克萨斯州大学信息学院学习技术系主任/教授,《教育技术研究与开发》(ETR&D)杂志"开发"部主编,美国教育传播与技术协会(AECT)前主席,并曾先后在教育技术研究重镇美国佛罗里达州立大学教育心理学和学习系统系、美国佐治亚大学教育心理与教学技术系任职。他是国际教育技术领域的杰出学者之一,在教学设计、教学系统开发、技术融入教育、认识论、评价与评估领域都有出色的研究,发表、出版数百篇论文以及多部专著和教材,并曾荣获 AECT 授予的杰出图书奖。由这样一位教育技术学界大师操刀一本供教育技术领域入门者学习的小册子,犹如"大厨烹小鲜",特别值得期待。

其二是因为本书的写作风格。本书根据 M. David Merrill 提出的教学首要原则构建,也就是围绕一系列有意义的问题和任务设计学习,通过当下教育技术现实应用情境中的丰富实践案例,引领初学者将自身实践与教育技术理论相结合,从而激发学习兴趣并触发更加深入的思考。

本书译者和分工如下:任友群(前言、鸣谢、第 1 章、第 7 章、第 8 章),卢蓓蓉

(第2章、第4章、第5章、第6章),胡婷婷(第3章),岳秋(第9章、第11章、第12章),宋琦(第10章),张赫(第13章、第14章、第15章、第16章、术语表)。本书校对工作分工如下:任友群校对了作者简介、第2章、第4章、第5章、第6章、第9章、第11章、第12章,卢蓓蓉校对了前言、鸣谢、第1章、第7章、第8章、第13章、第14章、第15章、第16章、术语表和所有图表,胡婷婷校对了第10章,宋琦校对了第3章。另外,华东师范大学教育信息技术学系硕士研究生单靖雯通读了全稿并提出建议。任友群对本书全文进行了最终审校。

  教育技术作为近半个世纪以来教育改革中的显学,随着全球经济社会全面进入信息时代,正在萌发出很多新的增长点,而学科的基础则是一切学术增长的起点。本书恰恰就是对初入门者能起到"师父领进门"的作用。当然,对于本书翻译中可能出现的问题,也欢迎读者们不吝赐教,我们一定虚心接受。

卢蓓蓉
2018年12月于丽娃河畔

图书在版编目(CIP)数据

教育技术基础:整合的方法和跨学科的视角/(美)J. M. 斯伯克特著;卢蓓蓉等译.—上海:华东师范大学出版社,2019（教育技术的跨学科之路译丛）
ISBN 978-7-5675-7375-8

Ⅰ.①教… Ⅱ.①J…②卢… Ⅲ.①教育技术学 Ⅳ.①G40-057

中国版本图书馆CIP数据核字(2019)第069162号

教育技术的跨学科之路译丛
教育技术基础：整合的方法和跨学科的视角

著　　者　［美］J. Michael Spector
译　　者　卢蓓蓉　等
审　　校　任友群
策划编辑　彭呈军
特约编辑　徐思思
责任校对　时东明
装帧设计　卢晓红

出版发行　华东师范大学出版社
社　　址　上海市中山北路3663号　邮编200062
网　　址　www.ecnupress.com.cn
电　　话　021-60821666　行政传真 021-62572105
客服电话　021-62865537　门市(邮购)电话 021-62869887
地　　址　上海市中山北路3663号华东师范大学校内先锋路口
网　　店　http://hdsdcbs.tmall.com

印　刷　者　杭州日报报业集团盛元印务有限公司
开　　本　787×1092　16开
印　　张　14
字　　数　211千字
版　　次　2019年5月第1版
印　　次　2019年5月第1次
书　　号　ISBN 978-7-5675-7375-8/G·10870
定　　价　42.00元

出 版 人　王　焰

（如发现本版图书有印订质量问题，请寄回本社客服中心调换或电话021-62865537联系）